Nelly Pérez

CÓMO PREDICAR DESDE EL LIBRO DE JOB

SERIE RECURSOS LANGHAM PREDICACIÓN

Cómo predicar desde el libro de Job
© 2023 *Nelly Pérez*

© 2023 Centro de Investigaciones y Publicaciones (CENIP) - Ediciones Puma
Hecho el Depósito Legal en la Biblioteca Nacional del Perú N° 2023-02898
Primera edición impresa, abril 2023

Categoría: Religión - Estudios bíblicos - Antiguo Testamento

ISBN N° 978-612-5026-29-3 | Edición impresa
ISBN N° 978-612-5026-30-9 | Edición digital

Editado por:
© 2023 Centro de Investigaciones y Publicaciones (CENIP) - Ediciones Puma
Av. 28 de Julio 314, Int. G, Jesús María, Lima
Apartado postal: 11-168, Lima - Perú
Telf.:   (511) 423-2772
E-mail: administracion@edicionespuma.org
            ventas@edicionespuma.org
Web: www.edicionespuma.org
Ediciones Puma es un programa del Centro de Investigaciones y Publicaciones (CENIP)

Edición: Alejandro Pimentel
Diagramación: Hansel J. Huaynate Ventocilla

Salvo indicación especial, las citas bíblicas se han tomado de la Nueva Versión Internacional
© 1999 por la Sociedad Bíblica Internacional.

ISBN N° 978-612-5026-29-3

Contenido

Presentación

Nelly Pérez nos entrega una breve pero sustanciosa investigación sobre el difícil y poco conocido libro de Job.

En la actualidad, lo poco que el evangélico promedio sabe de este libro gira en torno al tema del sufrimiento o, como se enfatiza en algunos círculos, al de la lucha espiritual o la pugna entre Dios y Satanás por el alma de Job, cuestiones que son, en realidad, desvíos respecto del verdadero tema, lo cual la autora se propone aclararnos.

Citando a Gustavo Gutiérrez, ella afirma que el sufrimiento o dolor es un «insondable enigma humano». Sin embargo, igualmente trata de explicarlo, pero desde una perspectiva pastoral y homilética.

Esto quiere decir que lo hace desde la sufrida labor diaria de quienes tienen a su cargo congregaciones de creyentes (muchos de estos con grandes dolores producto de diversas adversidades en sus vidas) y desde los sermones que predican semana tras semana.

La dificultad y la austera diseminación de este libro de la Biblia en nuestras iglesias y en los grupos de estudio bíblico hacen que esta investigación de Nelly Pérez sea sumamente necesaria. Por ello, es mi profundo anhelo que logre despertar el interés genuino por el estudio del libro de Job y su aplicación práctica en la vida de los creyentes.

Alejandro Pimentel

Introducción

El tema del sufrimiento es tan antiguo como el hombre. A lo largo del tiempo y en las diferentes culturas y creencias, se ha intentado esbozar respuestas a fin de encontrar un sentido a la angustia que experimenta el ser humano ante las enfermedades, las pérdidas, los fracasos, las catástrofes y demás tragedias.

Sin embargo, no siempre las iglesias evangélicas reaccionan de manera adecuada ante el sufrimiento humano. Por el contrario, muchas veces las interpretaciones que se hacen de las situaciones de dolor acrecientan las crisis, deterioran la fe, desgastan las fuerzas y generan culpa en las personas.

Mientras tanto, todo lector de la Biblia sabe que el libro de Job hace referencia al sufrimiento humano. Pero, a pesar de ser esta una problemática universal y, a la vez, cotidiana, pocos se aventuran a realizar algo más que una mera lectura de esta obra, incluso a veces limitándose a las secciones narrativas. Muy pocas veces escuchamos predicar sermones sobre textos de este libro. Por esta razón, como expositora bíblica decidí embarcarme en investigar el libro de Job a fin de encontrar una perspectiva bíblica que nos ayude a buscar ante el dolor actitudes que nos fortalezcan, acrecienten la esperanza y proporcionen sanidad emocional, y que, a la vez, nos permitan preparar sermones a partir de este libro repleto de sabiduría.

Para adentrarme en el tema, considero oportuno observar, en primer lugar, qué interpretaciones han dado los seres humanos a este tema a lo largo de la historia, ya que en todos los rincones de la tierra y en todo tipo de creencias ha generado preguntas e intentos de encontrar respuestas. Haré un rápido recorrido por distintas reacciones que el ser humano ha tenido y tiene ante el problema del sufrimiento;

por ejemplo, las preguntas y respuestas planteadas por algunas de las religiones orientales, la filosofía y la psicología. Entre ellas haré una mención especial a la teología de la prosperidad, con tanto auge en nuestros días, y, al hacerlo, replantearé si existe algún tipo de relación entre las teologías hegemónicas y algunas de las posturas presentadas por los diversos personajes de la obra.

Para acercarse al libro de Job, es necesario indagar previamente qué concepciones brindaba la tradición judía al tema del sufrimiento. Dentro de ese contexto, intentaré plantear qué novedad hermenéutica presenta este libro inspirado. Realizaré una exploración acerca de las características de la obra: género literario, autor, fecha de escritura, estructura y temas que se abordan.

Si bien este libro no da explicaciones del sufrimiento, presenta ciertas actitudes adecuadas que el ser humano debe tener ante la soberanía y fidelidad de Dios en momentos incomprensibles de pérdida, enfermedad, dolor, frustración, etc. Igualmente, muestra la solidaridad que se debe mostrar con otras personas que sufren.

Por ello, considero que predicar sermones a partir de este texto es una tarea pendiente que tenemos los expositores bíblicos hacia una población que gime y se desangra por el dolor, las injusticias, la violencia, las pérdidas, las catástrofes, las pandemias o las enfermedades que se instalan como novedosas, y ni qué decir de la población que sufre la muerte de tantos provocada por la ambición, la codicia y la explotación por parte de los poderosos.

A fin de que este desafío pueda ser aceptado por muchos predicadores, haré algunas consideraciones generales para tener en cuenta a la hora de abordarlo. A modo de ejemplo, propondré algunos sermones de diferentes partes del libro.

Capítulo 1

Distintas reacciones
ante el sufrimiento humano

El sufrimiento: una constante
en la historia humana

«Uno de los modos en que la gente intentó dar sentido al sufrimiento del mundo, en cada generación, fue suponiendo que nos merecemos lo que recibimos, que nuestro infortunio es, en cierto modo, un castigo por nuestros pecados».[1] Generalmente, es tentador creer que Dios es justo cuando vemos que a los demás les pasan cosas malas porque se las merecen. Pero este tipo de razonamiento deja de tener sentido desde el punto de vista de la persona que sufre o cuando la tragedia visita a quienes consideramos que no se lo merecen. Estas situaciones han irritado al ser humano toda la vida, quien desde siempre intenta dar respuestas a interrogantes que lo superan.

Javier Molina López[2] explica que el sufrimiento es una condición ineludible de la naturaleza humana. El dolor físico, el malestar o la sensación de desagrado no son en principio idénticos al sufrimiento. Si comparamos a las personas con los animales, las primeras sufren más por la autoconciencia. Ellas sufren y saben que sufren. Por más que se comparta el sufrimiento con quienes nos rodean, el dolor es algo tan personal que cada uno tiene que vivirlo por sí mismo. El

---

[1] Harold Kushner, *Cuando la gente buena sufre*, 2.ª edición (Buenos Aires: Emecé, 1989).

[2] Javier Molina López, «El sufrimiento humano como experiencia personal y profesional», *Revista Atlántida* N.º 15, 2011, http://www.cbioetica.org/revista/113/113-0409.pdf

sufrimiento atraviesa toda la estructura antropológica del ser humano. Es un sentir que va más allá de lo físico, un conjunto de emociones que experimenta frente a aquellas situaciones que amenazan su integridad. Este autor escribe: «El sufrimiento es subjetivo, personal, tiene relación con el pasado de la persona, con su cultura, con sus vínculos afectivos, sus roles, sus necesidades, su cuerpo, sus emociones, su vida secreta y su futuro». Y concluye su trabajo afirmando: «La concepción del sufrimiento depende en gran medida de la cosmovisión del mundo y de la interpretación de la realidad objetiva que cada persona le dé a este fenómeno».

Consideraciones filosóficas

Lo inexplicable del sufrimiento, del dolor inmerecido, del mal, ha sido un tema que ha llevado a los filósofos de todos los tiempos a cuestionarse, reflexionar e intentar encontrar respuestas.[3]

A continuación, presento algunas consideraciones reseñadas por Anselm Grün en su libro *¿Por qué a mí?*[4]

Para San Agustín, Dios no evita el sufrimiento, pero puede transformarlo y, mediante el mismo sufrimiento, provocar el bien.

El filósofo alemán Leibniz (quien marcó la filosofía idealista alemana) denominó la cuestión de Dios y el dolor como el problema de la *teodicea*. Se cuestionó cómo podía unirse la fe en un Dios todopoderoso y benevolente con la experiencia del mal y del sufrimiento. De ese modo tomó la iniciativa de colocar a Dios frente al tribunal del razonamiento humano.

Según la filosofía idealista, no existe oposición entre Dios y el sufrimiento. Esto significa que cuando los seres humanos ven una contradicción es porque su horizonte de pensamiento es muy estrecho. Se

---

[3] En el siglo xx Hannah Arendt introdujo el concepto de «banalidad del mal» en su libro *Eichmann en Jerusalén*. Con esta expresión intenta explicar actos históricos monstruosos provocados por personas «del montón», que no eran peores que otras. Considera que no se requieren grandes motivos para cometer atrocidades. Lo que sucede es que el hombre se ha vuelto superfluo, falto de reflexión y pensamiento. El diálogo interior con nosotros mismos, en cambio, fortalece nuestra conciencia y nos permite resolver conflictos morales. https://www.youtube.com/watch?v=Y5HdP52z5xE

[4] Anselm Grün, *¿Por qué a mí? El misterio del dolor y la justicia de Dios* (Salamanca: EDIBESA, 2006), pp. 13-19.

necesita una estructura de sentido más amplio. Entonces se reconocerá que Dios y el sufrimiento confluyen en una armonía superior.

Por otra parte, muchos teólogos consideran que el sufrimiento no puede comprenderse, que simplemente debería soportarse. El teólogo Gisbert Greshake deja en claro que Dios no desea el sufrimiento; tampoco lo envía. Pero Él lo acepta porque le es importante la libertad del hombre, que es la condición del verdadero amor.

Karl Rahner comenta que «la incomprensibilidad del sufrimiento es una parte de la incomprensibilidad de Dios». Él está convencido de que solo en el encuentro con Dios en la muerte obtendremos respuesta a la pregunta acerca del sufrimiento. Este teólogo piensa que siempre que hablamos de Dios con excesiva simpleza y facilidad, lastimamos a los hombres que se quiebran en el sufrimiento. Pero cuando uno se rinde al misterio inefable e inexplicable de un Dios al que no se comprende, en algún momento surge en esa persona uno que es totalmente distinto, y entonces se deja de preguntar por qué permite el sufrimiento. En el oscuro abismo de Dios se descubre la luz de su amor, que enmudece todo cuestionamiento. Para Teilhard de Chardin, el sufrimiento es el producto correlativo inevitable de la evolución. En la novela de Dostoievski, *Los hermanos Karamasov*, uno de los personajes no quiere aceptar el mundo creado por Dios. Para él es demasiado elevado el precio que debe pagar como hombre por el sufrimiento que colma el mundo.

El sufrimiento en las religiones del mundo[5]

Las religiones también se han expresado sobre este tema que tanto aflige al ser humano. El budismo enseña que la causa de todo sufrimiento es el contacto con el mundo. Si uno se libera del mundo, está libre de sufrimiento. Solo aquel que está apegado a la vida experimenta sufrimientos a través de la enfermedad. Quien se aferra a sus posesiones y a su salud experimenta la pérdida como un sufrimiento. El contacto con el mundo se elimina por medio de la meditación y el ascetismo. El budismo distingue cinco tipos de sufrimiento: la edad, la enfermedad, la muerte, la separación, el fracaso. Todos tienen sus raíces en la avidez

---

[5] Anselm Grüm, *op. cit.*, pp. 20-23. Este autor también realiza una reseña de cómo abordan esta temática algunas de las religiones más difundidas.

de la vida. El camino espiritual budista consiste en suprimir esta avidez a través del desapasionamiento.

El hinduismo ve la causa de todo sufrimiento en la «particularidad del ser». Por ello, el hombre debe abandonar su separación de Dios y llegar a ser uno con Él. Los caminos del yoga sirven para reunir al hombre con lo divino.

Los judíos lucharon siempre con la pregunta del sufrimiento. En los salmos es frecuente encontrar la queja de por qué a los malvados les va bien mientras que los justos sufren, o del lamento por las perplejidades que acaecen sin sentido. Pero luego llegan a la reflexión de que siempre Dios está con los justos; no los abandona, ni siquiera en la hora de la muerte. Y eso es suficiente. A pesar de que el pueblo judío padeció mucho a lo largo de su historia, nunca dejó de aferrarse a Dios y de alabarlo.

José Caravías[6] hace un análisis de cómo fue cambiando la actitud de los judíos ante el sufrimiento a través de la historia. Israel, como todo pueblo primitivo, explica el problema del dolor desde una perspectiva mágica. El mundo está lleno de fuerzas desconocidas capaces de causar enfermedades y todo tipo de males. En los orígenes de Israel se pensaba que esa fuerza mágica podía ser el pecado, la maldición o los malos espíritus. Sin embargo, desde el comienzo de la revelación bíblica se deja en claro que Dios se interesa por la situación de los que sufren opresión.

La fe en la fidelidad de Dios llevó al pueblo a una falsa seguridad: pensaban que por más que pecaran tenían asegurada la protección divina, pues ellos eran el pueblo elegido. Los profetas se esforzaron por combatir esta mentalidad que llevaba a quebrantar la alianza y llamaban a reflexionar que los males que sufrían era consecuencia de la infidelidad. Desafiaban al pueblo a mantenerse fiel al compromiso con el Señor. Con ese trasfondo, el lector de la Biblia encuentra el libro de Job y descubre que se puede creer en Dios desde el sufrimiento del inocente que se rebela y lucha por salir de su dolor. Por su parte, el autor de Eclesiastés demuestra que, aunque no hay una explicación al sufrimiento, el mejor y único camino para la tragedia humana es temer a Dios. La Biblia no se asusta ante el problema del sufrimiento, no lo calla ni lo disimula.

---

6 José Caravías, *op. cit.*, pp. 7-49.

A través de las oraciones y lamentos que se encuentran en ella vemos reflejado el dolor humano de todos los tiempos, pero esos gemidos y súplicas siempre están dirigidos con confianza y esperanza a Dios.

El islamismo ni siquiera formula la pregunta acerca de Dios. Todo es destino. Ante todo lo que ocurre, responde: «Alá lo quiso así». Si Alá dispone algo, al hombre solo le queda someterse. Ni siquiera cabe formular la pregunta del porqué.

Ayuda desde la psicología[7]

El psicólogo Viktor Frankl trató de dar un sentido al sufrimiento. Como judío, él mismo experimentó en un campo de concentración que solo aquellos que lograban darle un sentido a su sufrimiento llegaban a sobrevivir. Sintió que el amor le daba un último sentido a su vida. En medio de sus torturas comprendió que al ser humano se le puede quitar todo menos la libertad humana de tomar tal o cual actitud frente a las circunstancias dadas. Él habló además de la posibilidad de colmar la vida con sentido a cada instante. El sufrimiento no tiene uno en sí mismo, pero es tarea de la persona que sufre arrancarle un sentido. Cada uno debe darle por sí mismo una respuesta sensata. Afirma que debemos ofrendar el sufrimiento a los demás, soportarlo por ellos, resistir con dignidad y amor, y convertirnos así en un modelo de esperanza y confianza para los demás.

El sufrimiento y la teología de la prosperidad[8]

Para introducir el tema transcribo las palabras de Marcelo Vargas:

> Son muchos los desafíos y problemas que la Iglesia evangélica en Latinoamérica enfrenta hoy; entre ellos hay uno que surge del interior de ella. Es algo que ha originado todo un movimiento,

---

[7] Anselm Grün, *op. cit.*, pp. 56-59. Este autor también realiza una reseña sobre cómo la psicología aborda este tema.

[8] En este apartado se presentan citas de distintos autores que presentan sus ponencias en el libro *Fe y prosperidad,* compilado por la Editorial Lámpara a partir de una miniconsulta titulada «Fe, dinero y prosperidad», realizada en Bolivia en 1999. En esa oportunidad se reunió un equipo interdisciplinario, auspiciado por dicha editorial.

tiene una forma distinta y extremadamente atractiva de ver y practicar el evangelio. Se originó en los Estados Unidos y se hizo más popular desde la década del 50. Ha recibido diferentes nombres: Confesión Positiva, Palabra de Fe, Movimiento de la Fe, Evangelio del Éxito, Evangelio de la Prosperidad o Teología de la Prosperidad.[9]

Y luego describe el énfasis de esta teología:

> El argumento central de la teología de la prosperidad es que Dios tiene maravillosos planes financieros para todos los cristianos sin excepción.
>
> Su enseñanza básica es que todos los cristianos tienen el derecho divino de ser prósperos en todo, gozar de salud plena y ser felices.[10]

Por otro lado, los seguidores de esta postura enseñan que la enfermedad o la pobreza de cualquier creyente son consecuencias de algún pecado o de la falta de fe. Nos preguntamos: ¿es esto bíblico?

Al leer estas afirmaciones no podemos dejar de pensar en tantos cristianos sinceros que padecen sufrimientos inexplicables, y tampoco podemos olvidar a Job. Casi podríamos decir que los argumentos de esta teología se condicen con los antiguos criterios de fe de los amigos de ese personaje bíblico.

Es preocupante ver la difusión que tienen semejantes afirmaciones en el mundo evangélico. Se percibe una intromisión muy sutil de semejante teología que poco a poco va ganando más adeptos. ¿Por qué resulta tan atractiva?

Gregorio Venables, en el capítulo 1 de *Fe y prosperidad*,[11] explica que es muy popular porque ofrece:

- Seguridad en un mundo inseguro.
- Respuestas claras y ciertas en un mundo sin certeza y con muchas dudas.

9 Marcelo Vargas, «Teología de la prosperidad: sus raíces y sus postulados», en Gregorio Venables (comp.), *Fe y prosperidad* (La Paz: Editorial Lámpara, 1999), capítulo 2, p. 36.

10 *Op. cit.*, p. 37.

11 *Op. cit.*, pp. 32-33.

- Victoria y triunfalismo en un mundo desesperado.
- Respuestas instantáneas, gratificantes.
- Sanidad y esperanza instantáneas.
- Un ambiente de compañerismo. Se escuchan testimonios, se dan abrazos. Hay sentido de pertenencia en un mundo solitario y a veces hostil.
- Sentido de éxito e importancia.

Según esta teología, la meta de la fe parece ser la prosperidad, en la cual siempre se relaciona la abundancia de la siembra con la abundancia de la cosecha. En ese mismo libro, Alvin Góngora[12] presenta el desierto como uno de los paisajes preferidos en las Escrituras. En esta figura se plantea la fe como *un desprendimiento*. «En el desierto sólo se subsiste. Los bienes y la abundancia de los cuales habla la Biblia han de entenderse en el contexto de una economía de subsistencia, esto es, de una economía del desierto». La teología de la prosperidad, en cambio, comunica el mensaje según el cual no se puede manifestar la gracia del Señor si no es mediante el mundo capitalista.

Otro de los autores de este volumen es Marcelino Tapia,[13] quien hace una evaluación crítica de este abordaje teológico. Afirma que se fundamenta en la relación de causa y efecto entre fe y bendición respecto a la categoría de prosperidad material. Opina que en esta relación subyace un aspecto peligroso y vetado por la teología bíblica, que consiste en tener una motivación dirigida a la retribución. Cita el caso del libro de Job, en donde la teología retributiva se presenta como una lógica satánica y no como una lógica bíblica. La apuesta de Satanás con el Creador es demostrar que nadie ama al Señor por nada, que nadie lo busca y le sirve simplemente porque es Dios. Los amigos de Job también entran en esta lógica satánica: el Creador bendice al justo y castiga al pecador. Satanás quiere hacerle creer a Job por medio de sus amigos que él, como hijo de Dios, no puede sufrir.

Pareciera que Satanás sigue esgrimiendo los mismos argumentos. Quiere que caigamos en la trampa de la búsqueda del poder como legitimación de estar bajo la gracia, de hallarse bien con Dios. Según

---

12 *Op. cit.*, pp. 76-79.
13 *Op. cit.*, pp. 156-163.

esta perspectiva, el estar bien y el estar mal dependen del poder de aquel a quien nos hemos asido. Si uno tiene poder, si tiene prosperidad, está del lado del bien. Por el contrario, si uno sufre o padece necesidad, si no tiene poder, entonces se encuentra del lado del mal. Esto es muy peligroso, pues lleva al fatalismo y a la locura.

Job, por su parte, descubre que a veces la fe en Dios incluye el sufrir y el pasar necesidades. Veremos que este libro sagrado demuestra que aquella lógica de creer en el Creador solo por las bendiciones materiales es un error. Por el contrario, presenta la lógica del Señor: la verdadera adoración, la verdadera fe en Él es la respuesta del puro amor, que cree en Dios porque Él es Dios, es la fe del amor incondicional y desinteresado, amor que está dispuesto a sacrificarlo todo por amor a Él y a su reino.

Capítulo 2

Libro de Job: conocimientos generales

Los libros de Job, Salmos, Proverbios, Eclesiastés y Cantar de los Cantares son reconocidos como *libros sapienciales*, agrupados en el canon judío bajo el nombre de *Ketuvim* o «Escritos». Según la *Biblia comentada* de los Profesores de Salamanca, estos son libros que surgieron principalmente dentro de los círculos de los sabios y piadosos que constituían el núcleo más fiel del yahvismo en los tiempos posteriores al exilio babilónico.

> Los «sabios» religiosos del A. T. basan su ciencia en la revelación —la tradición religiosa de Israel, de la que formaban parte las comunicaciones proféticas— y en la experiencia, iluminada por la ciencia revelada. La sabiduría sólo tiene valor en la medida en que conduce a Dios, pues el «temor de Dios es el principio de la sabiduría».[14]

Argumento y contenido del libro

Este mismo comentario explica que el libro de Job gira en torno a la tragedia de un justo no israelita, que se supone vivió en Edom entre «los hijos de Oriente», y que fue sometido a terribles pruebas por parte de Dios. El escritor sagrado, en lugar de plantear el tema del sufrimiento del justo en esta vida en abstracto, prefiere presentar la historia de un justo irreprochable que sufre las más terribles penalidades: pérdida de los bienes, la familia y la salud.

---

[14] Profesores de Salamanca, *Biblia comentada. IV: Sapienciales* (Biblioteca de Autores Cristianos, 1967), p. 3.

El libro comienza con un prólogo en prosa, continúa con una serie de diálogos poéticos y finaliza con un epílogo. Entre los diálogos encontramos tres rondas de intervenciones de Job y sus amigos. Posteriormente surge otro personaje: Eliú. Y, al final, cuando ya parece que no quedan más palabras, se oye la voz de Dios.

Se podría decir que el autor utiliza el estilo de la poesía dramática. Es como si antes de comenzar el drama propiamente dicho, el auditorio recibiera, por parte del director, avances sobre su tema y personajes principales. Pareciera que ahí se resuelven todos los misterios de la trama menos uno: ¿cómo reaccionará el personaje principal?, ¿confiará Job en Dios o lo negará? Más tarde, «cuando se alza el telón», solo se ven los actores en el escenario. Ellos desconocen lo que el director ha anticipado. Para el auditorio las preguntas de Job son un simple ejercicio intelectual porque ya sabe, desde el prólogo, todas las respuestas.[15]

Composición del libro

Existen diferentes opiniones en cuanto a la historicidad del relato. La *Biblia comentada* explica:

> Podemos suponer que primitivamente existió un relato popular en prosa sobre la historia trágica de Job, el cual sirvió de tema y ocasión para que un «sabio» poeta expusiera las teorías tradicionales sobre el origen del sufrimiento, destacando sus inconsistencias y su falta de base real a la vista del caso concreto del irreprochable Job, que sufre sin haber cometido falta alguna. Redactores posteriores añadieron las argumentaciones de Elihú —representante de una nueva generación intelectual, que aborda el problema con ánimos de añadir nuevas luces— y los discursos puestos en boca de Yahvé para cantar las maravillas de la creación del Omnipotente. El elogio de la «Sabiduría» del c. 28 parece también ser una incrustación «sapiencial» posterior al drama original del libro. Desde el punto de vista de la inspiración, nada se opone a esta formación progresiva de la

---

[15] Philip Yancey, *Desilusión con Dios* (Miami: Vida, 1990).

obra por yuxtaposición de nuevos elementos, ya que todos los fragmentos son igualmente inspirados.[16]

Ezequiel 14.14, 20 y Santiago 5.11 mencionan el nombre de Job. Se puede afirmar que este fue una persona real que habría vivido en la antigüedad. Existen muchas similitudes entre el libro de Job y otras piezas sapienciales extrabíblicas. No obstante, este se diferencia al presentar el mensaje singular de la revelación redentora, la sabiduría de Dios que hace vana la sabiduría de los hombres. «Incluso en su estructura literaria, considerada como un todo, es singular: una obra maestra universalmente aclamada».[17]

Autor y fecha de composición

El libro no nos proporciona el nombre del autor. Tampoco se conoce a ciencia cierta la fecha en que fue escrito. Los comentaristas consideran que el escritor es, sin duda, un judío que conoce las leyes mosaicas, aunque presenta a su héroe fuera de los límites del judaísmo.

Aunque antiguamente se suponía que había sido redactado por Moisés, o por Salomón, o por el mismo Job, hoy los críticos creen que el libro fue escrito en tiempos posteriores al exilio. Refleja las inquietudes de las escuelas de sabios que se preocupaban de los problemas personales del individuo como tal, revisando las tesis conformistas tradicionales.

El trasfondo teológico es fundamentalmente judaico. Se presentan ideas tales como el monoteísmo estricto, la angelología, la idea de creación y la afirmación de una providencia divina sobre los hombres y los pueblos.

Estructura

El libro cuenta con un prólogo narrativo que presenta la verdadera causa del sufrimiento de Job en los capítulos 1 y 2. En el capítulo 3 se presenta su problema, y en los capítulos 4 al 31 se incluyen tres rondas

---

[16] *Op. cit.*, p. 19.
[17] Charles Pfeiffer, *Comentario bíblico Moody, Antiguo Testamento, Job* (Grand Rapids: Portavoz, 1993), p. 452.

de diálogo entre Job y sus tres amigos. Esta es la parte más extensa del libro, la cual se ve interrumpida en el capítulo 28 por un interludio en el que se pronuncia una alabanza a la sabiduría. En los capítulos 32 al 37 figura el largo discurso de Eliú, y en los siguientes, del 38 al 41, se presenta la intervención de Dios, quien no da respuestas, sino que tan solo interroga. En el capítulo 42.1-6 se muestra la reacción de Job, y, finalmente, en los últimos versículos de este capítulo, se presenta un epílogo en forma narrativa.

Temas que se abordan

Para entender el libro de Job se lo debe leer en su totalidad, de principio a fin, como se presencia una obra de teatro o se ve una película. El significado de tal o cual enunciado debe estar subordinado al de la obra como un todo.

Severino Croatto explica:

> Es de esperar que en una obra sapiencial, el tema de la sabiduría y del poder de Dios sea central; de hecho, aparece afirmado por casi todos los actores [...]. El autor del libro de Job es un sabio que critica con gran habilidad la sabiduría académica y filosófica, que no sabe dar razón del sufrimiento injusto del hombre.[18]

Lo que el libro de Job hace replantear al lector es por qué sufren los justos, los inocentes. Como el sufrimiento humano es una condición inherente a la propia naturaleza humana, solo queda encontrarle un sentido en la vida. El problema del dolor acosa sobre todo a la fe.

Gustavo Gutiérrez[19] afirma que sin los párrafos en prosa no sería posible comprender el sentido de los polémicos diálogos que presenta este libro. En el prólogo se presenta la apuesta que se entabla entre Dios y Satanás. Este último no niega la integridad de Job, pero cuestiona el desinterés y la gratuidad de su religión. No pone en duda sus obras,

---

18 J. Severino Croatto, «El libro de Job como clave hermenéutica de la teología», *Revista bíblica*, Año 43, 1981, p. 8.

19 Gustavo Gutiérrez, *Hablar de Dios desde el sufrimiento del inocente* (Salamanca: Ediciones Sígueme, 1995), p. 29.

sino su motivación. La retribución y la gratuidad constituyen un tema que engarza la parte en prosa con la sección poética.[20] Más adelante, Gutiérrez enuncia en una frase el tema que para él es clave en el libro de Job:

> El tema del libro no es exactamente el sufrimiento, insondable enigma humano, sino cómo hablar de Dios desde él. La cuestión que preocupa al autor es la posibilidad de una religión desinteresada, de un creer por nada; para él sólo una fe y un comportamiento de esta naturaleza puede dirigirse a un Dios que ama libre y gratuitamente.[21]

El libro de Job no entrega sus riquezas y no permite ver su profunda coherencia sino después de varias lecturas.

---

[20] *Op. cit.*, p. 35.
[21] *Op. cit.*, p. 50.

Capítulo 3

¡Arriba el telón!

Primer acto[22]

Ya dijimos que es muy pertinente considerar el libro de Job como si fuera una obra de teatro. Nos acomodamos en la butaca para disfrutar de la función. Se encienden las luces de un pequeño escenario con una escenografía de un lugar desértico, con tiendas y animales. En ese lugar se presenta al personaje que da nombre a la obra, así como a su familia, sus posesiones, su devoción. De inmediato se apaga la luz que enfocaba la escena, para luego volver a encenderse y enfocar un segundo escenario, majestuoso, lleno de resplandor, desconocido. Allí esta Dios con su consejo celestial, y da comienzo a un diálogo con un personaje que hace las veces de fiscal o acusador. (En nuestras Biblias se traduce como Satanás, pero este término en hebreo no figura como nombre propio, sino precedido por el artículo definido; literalmente significa el acusador o el adversario).

Reiteradas veces se apagan y encienden las luces alternando los distintos escenarios. Tres veces la escena transcurre en la tierra y dos en la corte celestial.

A partir de allí, como espectadores sabemos qué tipo de persona era Job, su fe, su vida, incluso el concepto que Dios tenía de él, cuál es la causa de las terribles tragedias que acaecen sobre su vida y su familia. Y saber esto de alguna manera comienza a incomodarnos. ¿Por qué Dios permitiría tanto sufrimiento injusto? Aunque estamos

---

[22] Job 1.1-2.10.

cómodamente viendo cómo transcurre la obra, sentimos la angustia del sufriente Job y, antes que él comience a hacerse preguntas, ya empezamos nosotros a formularlas.

Segundo acto[23]

Se levanta el telón y Job está desolado. Tres amigos se han acercado al enterarse de su desgracia. Les resulta irreconocible. No pueden entender qué ha pasado. No encuentran palabras para semejante espectáculo de horror, y allí permanecen callados, sin poder hablar.

De pronto Job estalla; ya no puede contenerse. El dolor es tan grande, tan inexplicable que brota a borbotones de su boca. No habla para que se le conteste; ni siquiera les habla a sus amigos. Rompe el silencio con un clamor que emerge desde sus entrañas. No maldice a Dios, pero no deja de maldecir el día en que nació, es decir, su propia existencia. Un frío nos recorre el cuerpo. Tememos que en un momento de fragilidad extrema llegue a blasfemar contra su Creador, con lo que Satanás ganaría la partida. Su profundo deseo sería estar muerto a fin de no tener que sufrir tanto. Se queja ante Dios. Esta actitud que nos incomoda nos hace recordar que muchas otras personas en el Antiguo Testamento también expresaron abiertamente sus quejas ante el Señor, hecho que no nos resulta del todo familiar, y hasta a veces llegamos a pensar que no está bien hacerlo. Se baja el telón y nos quedamos con un sabor amargo; incluso tememos por la reputación de Job ante Dios.

Tercer acto[24]

Cuando se levanta el telón, los amigos, que habían permanecido en una actitud estática, casi decorativa, comienzan a cobrar vida. Así, de manera insistente, se presentan tres rondas de diálogos. Es la parte que nos resulta más densa, quizá hasta algo tediosa; pero el autor intencionalmente las ha colocado allí por algo.

---

[23] Job 2.11-3.26.
[24] Job 4-27.

En esos diálogos se confrontan argumentos que expresan el pensamiento teológico clásico de ese tiempo. Lo curioso es que, en muchos momentos, lo que dicen los amigos nos parece más acertado que lo que menciona Job. Claro, este se defiende con «uñas y dientes». Lo que ellos dicen lo hemos leído más de una vez en algún otro lugar de la Biblia, pues expresan la «sana doctrina» de su tiempo. Al mismo tiempo nos damos cuenta de que las respuestas de estos no logran consolar al miserable Job; por el contrario, lo irritan más, lo sumergen en la sensación de sentirse incomprendido y tremendamente solo.

Estos hombres, que tampoco provienen de tierras judías, afirman una y otra vez las enseñanzas de Deuteronomio: Dios bendice a los que obedecen la ley y castiga a los que hacen el mal (Dt 28-29). Por lógica, entonces, si Job está padeciendo, la única causa de ello es su tremendo pecado, que él se niega a reconocer. Los amigos utilizan las Escrituras, pero sacándolas de contexto, sin hacer un recorrido hermenéutico correcto ni cotejar aquellas verdades con tantos otros pasajes. Para ellos, lo fundamental es la tradición; están convencidos de que poseen la sabiduría. No importa lo que la realidad les presente; la doctrina se encuentra primero, y ella es la que debe aplicarse rigurosamente a cualquier situación. Nunca se abren a cuestionarse cómo es posible que algo no encuadre dentro de sus razonamientos.

Habla Elifaz, y Job responde; habla Bildad, y Job responde; habla Zofar, y Job responde. Esto sucede, de manera reiterativa, dos veces más. Si bien esta parte de la obra puede resultar algo tediosa para el lector, su poesía es magistral. Vale la pena leerla, degustar sus imágenes, dejarnos sorprender por las palabras que utilizan los personajes.

Cada ronda es un poco más breve que la anterior, pero también más intensa y descarnada. Los amigos van tomando coraje y cada vez atacan a Job con menos pudor. Mientras tanto, él se desangra por el dolor y las preguntas que no encuentran respuestas. Desea que Dios le dé explicaciones, y los amigos se horrorizan cada vez más ante su descaro.

Voz superpuesta[25]

Los personajes ya no están en el escenario. La luz es muy tenue. Se escucha una voz que nos llama a reflexionar. Es un poema que nos habla de la sabiduría, tema fundamental en una obra sapiencial como es Job; pero el drama del personaje casi nos había hecho olvidar de ella. Más aún porque los amigos se autoproclamaban sabios, y algo en sus declaraciones nos hacía dudar de esa supuesta sabiduría.

La poesía nos hace pensar en dónde podremos hallar la sabiduría. Se presenta como algo inalcanzable para el ser humano, pero a la vez muy valiosa. La tierra atestigua que no está en ella. El océano tampoco sabe dónde hallarla; no es un bien que pueda ser cotizado en el mercado. ¿Será posible de alcanzar o es una falacia que solo ilusiona a los seres humanos como un espejismo?

Finalmente, la voz nos confirma que el único que sabe dónde encontrarla es Dios. Y este es el tema central de todos los libros sapienciales. Acercarse al Señor, temerle y responder a su llamado es el único camino para acceder a la sabiduría.

Cuarto acto[26]

Se encienden las luces y Job está solo en el centro del escenario. Parece que se dirige al auditorio por medio de un monólogo final y que estuviera haciendo su alegato final en defensa propia antes de ser sentenciado.

En primer lugar, recuerda con nostalgia sus tiempos de prosperidad. Luego describe su desgraciada condición actual y, finalmente, defiende por última vez su integridad. Una vez más se declara inocente a pesar de todas las acusaciones recibidas por parte de sus amigos, y pese a que sabe que la doctrina aceptada por todos como correcta también lo condena. Baja el telón y quedamos expectantes. ¿Hará finalmente Dios su entrada triunfal y dará explicaciones de lo que nosotros sabemos que realmente sucedió?

---

[25] Job 28. Nota del editor: El manuscrito original utiliza el anglicismo «voz en off», esto es, voz superpuesta, técnica muy común en el cine y la televisión, que consiste en insertar la voz de un narrador como una técnica pedagógica o descriptiva, ya sea que el protagonista esté o no esté en escena.

[26] Job 29-31.

Quinto acto[27]

Pero otra vez el autor nos sorprende. Aparece un personaje que nunca habíamos visto, o que tal vez había permanecido entre las sombras. No entendemos. Es más joven que el resto de los personajes; por eso se ha demorado en intervenir. Eliú profundiza los argumentos de los amigos. Sin saberlo él, adelanta algunos temas que luego aparecerán en el próximo acto, como si preparasen al espectador para ello. Y finalmente insinúa que el sufrimiento podría tener algún sentido.

Él toma frases dichas por Job para luego refutarlas. Da la sensación de que hubiese estado escuchando todo lo anterior desde una posición invisible para el espectador; pero dice que no soporta más el haber escuchado tantas cosas sin sentido. Culpa a todos de estar equivocados. Él posee la verdad. Enuncia su decisión de defender a Dios a fin de demostrar la doctrina tradicional de la retribución.

Eliú nos ha mostrado la grandeza de Dios, pero nos deja una sensación de decepción e impotencia. «El Todopoderoso no está a nuestro alcance» son sus palabras finales.

Sexto acto[28]

Cuando ya no encontramos una postura cómoda en nuestro asiento, cuando la desesperación ha deshecho todas nuestras expectativas, cuando más molestos nos sentimos con Dios, se levanta el telón. Esta vez el escenario ha cambiado drásticamente. Incluso se ven luces extrañas y se escuchan sonidos ensordecedores. Hay una fuerte tempestad y de pronto, desde la misma tempestad, emerge una voz nueva, sorprendente, esperada. Dios comienza a hablar. Por un lado, sentimos un gran alivio, aunque, por otro, el temor no deja de inquietarnos. Es una presencia sobrecogedora, intrigante.

El Señor habla y no da respuestas. Solo hace preguntas; solo interroga a Job, y el Todopoderoso[29] (nombre muy utilizado en toda

---

27 Job 32-37.
28 Job 38.1-42.6.
29 Todopoderoso (la palabra hebrea *shaddai*) se utiliza 31 veces en el libro de Job y 17 veces en el resto de la Biblia.

la obra) pronuncia dos discursos. En el primero, se explaya sobre su providencia en toda la creación, y en el segundo hace declaraciones que nos irán llevando hacia el final de la obra.

La tempestad no aterroriza a Job, sino que lo predispone a escuchar. Dios ha decidido responderle a este ser que desde hace rato viene cuestionando su manera de obrar, que quiere pedirle cuentas y enfrentarse a Él cara a cara. Y Dios se presenta con una cantidad de preguntas que, obviamente, el pobre Job nunca podrá responder. Aquellas interrogantes solo lo convencen de todo lo que no sabe, y lo colocan en una nueva perspectiva de vida, de la existencia.

Primero, las preguntas se refieren al momento mismo de la creación, donde Dios fue el encargado de poner los cimientos, desplegar las medidas, trazar los límites, en medio de la algarabía de los ángeles que gritaban de alegría. El universo no se asienta sobre el caos o el sinsentido, sino en el orden y la alegría de Dios.

Job no puede responder ninguna pregunta. No conoce nada de lo que se le cuestiona. En astronomía y meteorología se siente totalmente descalificado. Luego el interrogatorio pasa al ámbito de la vida animal, y se da cuenta de que tampoco sabe nada. Dios menciona que todo lo creado demuestra su sabiduría, su ingenio, su creatividad, su providencia, su generosidad, su preocupación por cada criatura, y disfruta de contemplar a cada una de ellas en su belleza, inteligencia, velocidad, fortaleza, capacidades especiales. ¡Tanta diversidad! ¡Tanto despliegue de belleza!

La perspectiva de la vida de Job y sus amigos es muy reducida. De pronto el Creador muestra horizontes nuevos, incalculables, inimaginables. La perspectiva de ellos había deformado de manera atroz el carácter de Dios, había pretendido encasillar al Todopoderoso en doctrinas limitadas y tradiciones defendidas por sabidurías deficientes.

Y Job, tímido pero satisfecho, responde. Dios lo ha tenido en cuenta. Ha escuchado sus gritos y pretensiones casi blasfemas, pero no lo ha aniquilado, ni lo ha acusado de pecador. Por el contrario, el Señor ha hablado de sí mismo, ha hecho un despliegue de sus obras. Job ha quedado boquiabierto. Reconoce su pequeñez. Solo dice que no puede responder, que solamente puede taparse la boca con la mano.

Y entonces Dios empieza su segundo discurso. Esta vez Job se siente más intimidado porque ahora se va a hablar de la justicia divina, la cual estuvo en juego en todos los diálogos. Para los personajes humanos, la justicia del Señor se ha evidenciado en castigos, ataques y destrucción. Un Dios justo aniquilaría a los malvados y soberbios. Así es el Dios que defiende la teología de la época de Job (y muchas veces la nuestra).

Inmediatamente el Todopoderoso le presenta a Job dos animales extraños, entre salvajes y mitológicos, que, por más que los expertos hayan intentado identificarlos con los animales que conocemos, no han llegado a una definición exacta de aquellos. Son terroríficos, amenazantes, peligrosos, indomables. Lo único que nos queda claro cuando Dios termina de describir a estas criaturas es que en el mundo hay fuerzas incomprensibles, misteriosas, destructoras, a las cuales se les es permitido existir. El Señor también tolera al acusador y a los malvados, a los crueles amigos de Job. Los seres humanos habían pensado en un Dios que castigaba todo lo malo, que obraba movido por un principio de causa-efecto.

Y Job vuelve a responder. Esta vez más convencido de lo que ha podido intuir, de lo que se le ha manifestado. Reconoce la sabiduría y omnipotencia divina. Comienza su devolución con la expresión: «Yo sé bien que tú lo puedes todo, que no es posible frustrar ninguno de tus planes» (42.2). Y comprende que la majestad de Dios abre sus ojos para ver la existencia desde otra perspectiva, dentro de otro marco de referencia.

El autor nos presenta un diálogo y Job cita las preguntas que el Creador le ha formulado para luego responder arrepentido que él hablaba sin saber.

Eduardo Tatángelo describe este momento:[30]

> Job se arrepiente de haber hablado más allá de su conocimiento, de haber excedido sus límites de comprensión. Se ha puesto a discutir cara a cara con Dios, se ha mantenido firme y con hidalguía en esa batalla: esa es su gloria y también su locura. Destino profundamente humano finalmente, inscrito en el designio de la creación: el hombre hecho de polvo que puede ser un interlocutor de Dios. (Ver Gn 2.4; Sal 8.1)

---

[30] Eduardo Tatángelo, Job, *Comentario bíblico contemporáneo* (Buenos Aires: Certeza Unida y Ediciones Kairós, 2019), p. 650.

Job contrapone el conocimiento teórico que acerca de Dios tenía antes de la experiencia del encuentro. Este contraste se ve en muchos relatos bíblicos, donde las personas experimentan una auténtica transformación al encontrarse con Dios, transformación que abarca todos los aspectos de la vida humana.

Este acto termina con la declaración de Job de que ahora ve a Dios con sus propios ojos, es decir, de manera íntima y personal. Y luego se postra humildemente ante el Todopoderoso, que se ha dignado a responderle. Ya tenemos deseos de aplaudir, porque parece que la obra y los personajes ya se merecen nuestro reconocimiento. Sin embargo, las luces del escenario se apagan y cuando se encienden…

Epílogo[31]

Los personajes que se habían quedado en silencio vuelven a aparecer en escena. Job continúa con sus llagas. De pronto se escucha la voz de Dios, que da su veredicto; pero no contra el acusado, sino contra los acusadores. El Creador enfrenta a Elifaz y a sus amigos por haber tergiversado la verdad y distorsionado su imagen. Sin embargo, a pesar de su grave falta, aumentada por su rol de sabios de la comunidad, Dios no los castiga, sino que los invita al arrepentimiento. Les pide que sacrifiquen varios animales y que vayan ante Job para que este interceda por ellos. De alguna manera, la gracia divina también los ha alcanzado.

Estos ancianos desfilan avergonzados, cabizbajos, comprendiendo que se ha desmoronado todo lo que creían saber. Ya no saben qué es la verdad. Su teología ha quedado descalificada, mientras que el atrevido e irrespetuoso Job ha terminado bien parado. Pero Dios los ha acusado, y no pueden desoír aquella voz. Llevan sus animales ante Job, que aún expone su figura lastimosa.

Este, envalentonado por la intervención de Dios, se decide a dar el paso liberador del perdón y, a pesar de todas las afrentas e incomprensiones recibidas, eleva una plegaria a favor de sus amigos.

---

[31] Job 42.7-16.

Luego de aquella oración intercesora y sanadora, Job es restaurado física, material y socialmente. Como todo relato tradicional, este se merece un final feliz. Dios lo hace prosperar. Sus amigos y familiares se acercan a celebrar con él y a consolarlo. De pronto, ante nuestros ojos se suceden los hechos en cámara rápida y logramos ver velozmente cómo transitan los años. Sus bienes se duplican, tiene más hijos, llega a ver hasta la cuarta generación, la longevidad ideal de un verdadero patriarca.

Según la cultura patriarcal, lo deseable era tener más hijos varones que hijas mujeres. Así es que el número de los primeros excede en gran manera a las segundas. Sin embargo, llama la atención un nuevo atrevimiento del autor: las hijas son las únicas que se mencionan por su nombre y se destaca su increíble belleza. Un dato aún más sorprendente es que a ellas su padre les deja una herencia de la misma manera que a sus hermanos, que no era lo usual para aquel tiempo.

Al revisar los personajes que están en escena, vemos que falta alguien que tuvo una influencia destacada al comienzo de la obra. El acusador ha quedado fuera del elenco. El autor nos demuestra que sus amenazantes insinuaciones han quedado también descalificadas ante la magnificencia del Todopoderoso.

Eliú, este personaje que no estuvo al inicio, tampoco aparece al final. Por eso los expertos piensan que fue incluido posteriormente como un extra para ser utilizado por el autor como puente argumentativo.

La obra ha terminado. Nos sentimos impulsados como por un resorte a ponernos de pie y comenzar a aplaudir.

Aplaudir la genialidad del autor o autores que se atrevieron a crear esta obra colosal de la literatura universal, presentando temas tan desafiantes para la humanidad, poniendo en palabras las preguntas que nos hacemos y a veces callamos, sacando a la luz las creencias que defendemos a pesar de estar fuera de lugar.

Aplaudir a Job por su perseverancia, su atrevimiento, su sinceridad, su honestidad, su fe inquebrantable, su capacidad de reconocer sus limitaciones y de perdonar a sus ofensores.

Aplaudir a los amigos irrespetuosos que provocaron a Job, para que este sacara todo lo que tenía guardado dentro de sí.

Aplaudir a Eliú, quien, a pesar de su breve intervención, nos fue llevando magistralmente hacia el encuentro con Dios.

Aplaudir y seguir aplaudiendo al Dios Todopoderoso, lleno de gracia, que cuida atentamente de su creación, que disfruta de ella, que tolera nuestras imperfecciones, que soporta nuestros atrevimientos, que desea dialogar con sus criaturas, que no se aísla de la situación en que ellas viven.

Aplaudir al Espíritu de Dios, que dirigió sabiamente a quienes de manera anónima compilaron el canon de las Escrituras. Sin el aporte de esta obra exquisita nos hubiésemos perdido de una joya que nos confronta con grandes verdades.

Aplaudir a Jesucristo, quien se encarnó para mostrarnos el verdadero rostro de Dios. Se vació a sí mismo para hacerse como nosotros, caminar por nuestras calles, cargar nuestros dolores, enfrentar nuestras muertes y llevarnos a la resurrección de una vida plena.

A pesar del gozo que siento, pienso en cuánto tiempo le habrá tocado sufrir a Job el dolor por los hijos que perdió, que no fueron los mismos que volvió a tener. El autor no habla de ello explícitamente; pero pienso que los diálogos densos, pesados, interminables, dan cuenta de un largo proceso de dolor y duelo que tuvo que experimentar el protagonista.

Y en medio de todos estos pensamientos recuerdo cómo Eduardo Tatángelo termina su comentario de Job:[32]

> Esta restauración es bendición, es gracia, no retribución por buena conducta [...]. El Job probado y restaurado no es el mismo del capítulo 1, sino uno que ha sido promovido a otra dimensión de la fe y de la vida. En este sentido, su felicidad es inaccesible, una forma de «más allá», y este relato es quizás lo más lejos que ha ido el AT en su anhelo de pintarnos una eternidad que en sus páginas apenas se encuentra insinuada. Podríamos decir que Job ha sido promovido más allá de las preguntas terrenas, a la bienaventuranza de lo inconmovible. Ha cruzado la línea más allá de la cual solo existe lo definitivo.
>
> Este final feliz es absoluto: a partir de ahora Job ya no puede perder lo que tiene, lo que ha recibido. Es otro Job que vive en otro tiempo, un tiempo en que los finales felices son posibles.

---

[32] *Op. cit.*, p. 652.

Se puede, entonces, leer este final como una promesa de que el dolor no tiene la última palabra en nuestras vidas. La promesa de que a todos nos espera un final feliz.

Y al leer este magnífico comentario de la obra que hemos presenciado, no puedo dejar de regocijarme, porque comprendo que ese final feliz también me incluye a mí y a todos los sufrientes de mi tierra. Y es entonces cuando me uno a la exclamación que había hecho Job en medio de su dolor inentendible:

> Yo sé que mi Redentor vive, y que al final triunfará sobre la muerte. Y cuando mi piel haya sido destruida, todavía veré a Dios con mis propios ojos. Yo mismo espero verlo; espero ser yo quien lo vea, y no otro. ¡Este anhelo me consume las entrañas! (Job 19.25-27)

Capítulo 4

Libro de Job:
hermenéutica del sufrimiento

Como ya dijimos, no podemos negar que el sufrimiento sea una experiencia común a todos los seres humanos. Para algunos, es una vivencia diaria que los acompaña durante toda su existencia, mientras que para otros son circunstancias traumáticas que los sorprenden en algún momento de su vida. No obstante, todas las personas deben enfrentarse cara a cara con este enemigo que desalienta, desestructura y, en ocasiones, destruye.

De acuerdo con su historia personal, cada persona reacciona e interpreta a su manera las situaciones o momentos traumáticos por los que atraviesa. Esto es lo que se encuentra en el libro de Job.

José Caravías, antes de pasar a describir las reacciones frente al sufrimiento que tienen los distintos personajes del libro de Job, ofrece una aclaración que es importante tener en cuenta:

> La doctrina de que Dios paga a cada persona según sus méritos, predicada antes por el Deuteronomio y Ezequiel, había agudizado el problema de la fe en un Dios justo, pues claramente se veía que en muchos casos el malvado prosperaba y la gente buena lo pasaba muy mal. Puesto que aún no se creía en una vida más allá de la muerte, el problema de la retribución no quedaba nada claro. En el caso de los inocentes que sufren, este problema se agravaba aún más. Este es precisamente el drama que presenta el libro.[33]

---

[33] José Caravías, *Fe y dolor,* www.mercaba.org/Caravias/01/Caravias.Fe%20y%20Dolor.doc, pp. 27-36.

Diferentes reacciones frente al sufrimiento

a) Reacción de la esposa de Job

La primera en reaccionar ante la situación de Job es su esposa; interviene de manera fugaz. Solo habla para proponerle que maldiga a Dios y se muera.

Estas escuetas palabras la hacen merecedora del calificativo de «necia» por parte de su esposo. El libro no la menciona más. Su voz, carente de sentido, no merece ser recuperada por el autor ni siquiera en el epílogo, cuando se dice que Job tiene otros hijos. Es obvio que ella habla desde su sufrimiento ante la pérdida de sus vástagos y bienes, así como frente a la enfermedad de su cónyuge, pero el autor la silencia.

Muchos aún hoy imitan esta forma de enfrentar el sufrimiento. Vociferan sus insultos, sus maldiciones, pero bajan los brazos, carentes de recursos, para enfrentar el dolor. Manifiestan su profundo rencor ante el infortunio, pero son personas débiles. Philip Yancey afirma: «En este siglo tan semejante a la tragedia de Job, hay más personas que nunca antes han llegado a estar de acuerdo con su esposa».[34]

b) Reacción de los amigos de Job

Los amigos piensan, como todos en aquella época, que en esta vida Dios castiga a los malos y premia a los buenos. Es decir que si Job sufre es porque es un malvado. Se sienten en la obligación de defender la justicia divina, aunque aquello signifique condenar al amigo, sin reparar en sus reclamos y confesiones, a pesar de la confusión y angustia a la que está siendo sometido.

El primero en intervenir es Elifaz. Él quiere hacer ver a Job que sus sufrimientos son una corrección de Dios, una prueba, un toque de alarma que hace que el hombre reconozca su pecado, vuelva al Creador y pueda gozar nuevamente de la gracia del Señor. Las críticas que le hace a su amigo comienzan suaves y se hacen más duras en las sucesivas intervenciones.

---

[34] Philip Yancey, *Desilusión con Dios* (Miami: Editorial Vida, 1990), p. 152.

Según Bildad, existe una justicia tan plena en Dios que no puede dejar de cumplirse jamás. Necesariamente el Creador tiene que castigar a todo pecador.

Interpreta la justicia divina desde los parámetros humanos. Zofar se presenta como el hombre de la experiencia. Para él, Dios está muy lejos y es imposible entablar un diálogo con Él.

Caravías sintetiza las posturas de estos hombres:

> Con ligeras diferencias, los tres amigos proponen a Job el mismo enfoque, típico de su época:
>> Si Dios te aflige con el sufrimiento es porque has pecado.
>> Si has pecado, debes arrepentirte.
>> Si te arrepientes, Dios te devolverá todos tus bienes.
>> Así sintetizan la postura tradicional de Israel a propósito
> del mal.[35]

Eliú es otro personaje que interviene después de que todos los demás parecen haber gastado sus argumentos. Se presenta como alguien joven, que por tal motivo ha esperado su turno para intervenir. Cree conocer la respuesta al problema del mal. Intenta armonizar el sentido de la tradición y el sentido altamente provocativo de Job que escandalizaba a los conformistas. Afirma que Dios es justo, pero no según la medida de los hombres. Él utiliza el dolor para educar al hombre. Insiste en la trascendencia divina. No acusa a Job de pecados pasados, sino de su orgullo y blasfemia presentes. Eliú tampoco tiene respuestas al problema del dolor ni comprende al sufriente Job. Incluso le quita el derecho de quejarse y de preguntarse acerca del porqué de su dolor.

La actitud de los amigos de Job se encuentra aún en las actuales comunidades de fe. Ante el dolor ajeno es fácil atribuirle a la persona que sufre alguna causa que haya ocasionado esa situación. La sociedad entera se apresura muchas veces a comentar «y… algo habrá hecho».

Los amigos de Job son el antimodelo para alguien que actúa como consejero, acompañante, consolador de alguien que padece aflicción. Esta forma de intervención solo acrecienta el dolor del sufriente,

---

[35] José Caravías, *op. cit.*, p. 29.

acusando, buscando causas inexistentes, no escuchando, no estando en el pellejo del quebrantado.

c) Reacción de Job

Job es el prototipo del hombre inocente que sufre y se pregunta por su dolor. A diferencia de Jeremías, él no se siente profeta. No tiene ninguna misión. Su sufrimiento no es a causa de su compromiso con el pueblo. Es un hombre muy cercano a las desesperaciones y rebeldías de cualquier ser humano sufriente. No pierde su fe en Dios, aunque no entiende por qué lo trata así.

Job dialoga con sus amigos durante nueve intervenciones. Rechaza las afirmaciones que ellos hacen y considera que estos hombres hablan con recetas prefabricadas. No comprenden para nada su situación. Son meros charlatanes. Su dolor lo lleva a ver el mundo como un caos. Decir lo contrario es tratar de justificar a Dios con falsedades. Él, que siempre ha actuado de modo justo, reconoce que las teorías de sus amigos tambalean ante su situación actual. Por esta razón, se siente con derecho de hablar con el Creador para exponerle sus quejas. Su enfrentamiento no es contra el Dios que anda buscando y de quien espera respuestas, sino contra el que presentan sus amigos. A pesar de tanto dolor e incomprensión, sigue aferrado a Dios. Aunque no lo entiende, no lo maldice. No es un modelo de paciencia, en el sentido de resignación. Es un creyente rebelde contra la teología que justifica el sufrimiento del inocente.

A medida que avanza en sus discursos, se da cuenta de que él no es el único que sufre. Descubre que son muchos los que padecen adversidad e injusticias. Denuncia los procedimientos sociales y políticos que usaban los poderosos de su tiempo, encubiertos por la teología oficial. La injusta situación de los pobres lo atormenta. Es decir que, a partir de su propia realidad, Job descubre una sociedad empobrecida y explotada. Se solidariza con ellos y, desde allí, cuestiona a la teología imperante y a la imagen de Dios que esta proponía.

d) Intervención de Dios

El Dios que aparecía como alejado e incomprensible acepta el desafío de Job. Tres son las intervenciones del Señor. En la primera (38.1-40.2) insiste en su proyecto que da sentido a su obra creadora. En la segunda (40.6-41.34) subraya el justo gobierno divino, su libertad, su gratuidad y su dominio soberano sobre toda la creación. En la tercera (42.7-8) apoya a Job y critica a los amigos de este.

Dios no contesta las preguntas de Job, sino que comienza un nutrido interrogatorio, para el cual el hombre no encuentra respuestas. No hace ninguna referencia a las enseñanzas de los amigos de Job ni respalda la doctrina de la retribución. Tampoco condena a Job, como ellos esperaban.

e) Reacción de Job ante la presencia de Dios

Aunque Job no recibe respuestas a sus interrogantes, logra encontrar lo que buscaba. Quería encontrarse con Dios y Él se le manifiesta abiertamente. El Señor demuestra que en su grandioso misterio trasciende la capacidad humana de comprensión. Sin embargo, los amigos están mucho más lejos de la justicia que Job. Ellos son teólogos de la dominación imperante, que pretenden convencer a quienes sufren que ellos mismos son los culpables de su condición. Job comprende que el ser humano no es el centro del universo y reconoce su pequeñez e insignificancia delante del Creador. Caravías describe los últimos capítulos de la siguiente manera:

> Estos capítulos finales nos hablan del encuentro de dos libertades.[36] La libertad de Job se expresa en su queja y en su deseo de dialogar con Dios; la libertad de Dios se manifiesta en la gratuidad de su amor, que no se deja encerrar en un sistema de premios y castigos. La libertad de Job alcanza su madurez cuando encuentra directamente al Dios de su esperanza; la libertad de Yavé se manifiesta revelando que en el fundamento del mundo él colocó la gratuidad de su amor, y que sólo así se comprende el sentido de su justicia.[37]

Las palabras de Dios sacan a Job de la prisión en que se encontraba encerrado, un conflicto que no podía resolver. Por un lado, la certeza de su inocencia y, por otro, la doctrina de la retribución. Job había

---

[36] Esta idea de «las dos libertades» ha sido propuesta por Gustavo Gutiérrez en *Hablar de Dios desde el sufrimiento del inocente* (Salamanca: Ediciones Sígueme, 1995), capítulo 9.

[37] *Op. cit.*, p. 34.

tenido el coraje de denunciar la contradicción entre ambas posiciones. Se encuentra con un Dios mucho más grande de lo que él había imaginado y abandona su posición de queja, aceptando plenamente la voluntad del Creador. Comprende que Él tiene planes increíbles, y que se cumplen aunque el ser humano no logre entenderlos. Se somete, no con resignación, sino en humilde contemplación.

El tema de fondo del libro es cómo se puede creer en Dios desde el sufrimiento del inocente que se rebela y lucha por salir de su dolor. Este fue el primer paso que dio Job, y luego se solidarizó con el dolor ajeno. Al final de la obra, luego del encuentro vivencial con Dios, comprende y acepta el poder y la libertad del Creador, que está más allá de toda dimensión humana.

Cuando uno concluye la lectura del libro de Job vislumbra que el problema del mal no tiene respuestas teóricas; no existen argumentos racionales que nos dejen satisfechos, no hay lógica capaz de explicarlos. Job encuentra la solución a su drama existencial en un encuentro trascendente. Si alguien osara pedirle un consejo a este personaje, sin duda él respondería: «No te calles ante Dios, lucha contra él, preséntale tus dudas, tus interrogantes, no te guardes nada. Derrama tu corazón ante su altar, hasta que Él mismo se te presente y te deje anonadado con su poder, sabiduría, bondad, soberanía. Así terminarás teniendo una nueva revelación de Él, de ti, de la vida, de todas las cosas. No te des por vencido antes de obtener esto».

En este mismo tono, Ricardo Barbosa de Sousa afirma:

> Sin duda el sufrimiento de Job nos ayuda a entender el lugar de Dios en nuestra experiencia espiritual. En este sentido, Job se nos presenta como un paradigma de la espiritualidad humana y cristiana, que tanto nos muestra la fragilidad de nuestras pretensiones y teologías, las cuales no siempre responden a las cuestiones más profundas del alma, como nos revela un Dios que no encuadra en los esquemas teológicos y doctrinales que nos construimos. Desvestirnos de nuestras pretensiones teológicas y encontrarnos con el Dios libre y soberano constituyen el camino que Job nos propone.[38]

---

[38] Ricardo Barbosa de Sousa, *Cuida tu corazón* (Buenos Aires: Kairós, 2005), p. 20.

Preguntas que se formulan ante el sufrimiento

El psiquiatra cristiano Pablo Martínez Vila[39] enuncia cuatro preguntas muy frecuentes de la persona que sufre:

- ¿Por qué?
- ¿Cómo puedo entenderlo?
- ¿Dónde está Dios?
- ¿Qué hace Dios?

Y explica que el ser humano debe aceptar que no tiene respuestas a todas las preguntas. Nuestro conocimiento será siempre incompleto. Hay elementos de misterio que pertenecen a los secretos de Dios. Si así no fuera, dejaría de ser Dios.

En cuanto a la segunda pregunta, este autor explica que el tema del sufrimiento es un camino lleno de recodos de sombra y penumbras, pero también con rayos de luz que nos ayudan a ver más allá de la realidad del momento. Compara el sufrimiento con una pintura surrealista que siempre deja ventanas abiertas al misterio, ventanas por donde entra la fe. Ello es un requisito imprescindible para empezar a comprender los misterios del sufrimiento. Al hablar de fe no se piensa en una «fe tapa-agujeros», una fe opuesta a la razón.

En los momentos de prueba, Dios nos parece lejano y mudo, pero su lejanía y silencio son solo aparentes. El Señor está ahí mismo. Él llora por los oprimidos y junto a ellos. De esta verdad hay muchas evidencias en el texto bíblico. La idea de que Dios no sufre, esto es, la doctrina de la impasibilidad, no tiene base bíblica. Si Él fuera incapaz de sufrir, sería también incapaz de amar. Martínez afirma: «Si el sufrimiento en el mundo hace la fe en Dios difícil, el sufrimiento de Dios conmigo convierte la fe en algo revolucionario».[40]

En el drama del sufrimiento humano Dios no se comporta solo como un espectador sensible, sino como un actor comprometido. Y de esta verdad también hay innumerables evidencias en el texto bíblico (que escapan a las intenciones de este trabajo).

---

[39] Pablo Martínez Vila, *El aguijón en la carne* (Barcelona: Publicaciones Andamio, 2008), pp. 38-45.
[40] *Op. cit.*, p. 42.

Este autor cita las reacciones naturales que toda persona experimenta en un momento de sufrimiento:

- duelo
- enojo
- ansiedad
- estrés
- depresión
- lucha con Dios

También explica que el equipaje para el camino de la restauración consiste en la paciencia y la confianza en el Señor. Vemos que tanto estas reacciones como estos recursos estuvieron presentes en la experiencia de Job.

Muchas personas no logran la restauración, sino que continúan rumiando sus sinsabores y quedan desilusionados con Dios. Philip Yancey escribe al respecto:

> Las personas desilusionadas con Dios se centran todas por igual en el punto de vista humano. Cuando hacemos nuestras preguntas —¿Por qué Dios es injusto? ¿Por qué guarda silencio? ¿Por qué se esconde?— en realidad estamos preguntando: ¿Por qué Dios es injusto conmigo? ¿Por qué me parece que no me habla a mí y se esconde de mí?
>
> Traté de hacer a un lado mis interrogantes existenciales, mis desilusiones personales, para tener en cuenta esta vez el punto de vista de Dios. Ante todo, ¿por qué busca el contacto con los seres humanos? ¿Por qué nos persigue, y qué se interpone ante esa persecución?
>
> [...]. Después de dos semanas de estudiar la Biblia, tenía la fuerte sensación de que a Dios no le importa tanto que lo analicemos. Principalmente, lo que quiere es que lo amemos. Casi todas las páginas de su Palabra nos susurran este mensaje [...]. Todos los sentimientos de desilusión con Dios se remontan a un momento en que se rompió esa relación.[41]

---

[41] Philip Yancey, *Desilusión con Dios* (Miami: Editorial Vida, 1990), p. 41.

Formas de hacer teología

Gustavo Gutiérrez[42] explica que en el libro de Job encontramos dos métodos teológicos. Por un lado, los amigos de Job presentan sus argumentos como una rueda que gira en el aire sin avanzar. Su verdadera blasfemia está en el hablar autosuficiente, ya que sus palabras encubren y desfiguran el rostro de un Dios que ama gratuita y libremente. Creen más en su teología que en Dios mismo. Lo que dicen no sirve de nada. Lo único que logran es aumentar el dolor de quienes escuchan.

Gutiérrez sigue explicando que siempre nuestro hablar se nutre de la situación en que nos encontramos. Por esta razón, las palabras de Job son una crítica a toda teología huérfana de contacto con la realidad y de compasión humana. La búsqueda desde su experiencia humana y religiosa le permite vislumbrar otras maneras de hablar y callar acerca de Dios. Si bien no logra deshacerse de la doctrina ético-religiosa de la retribución en que fue formado, y convencido de su inocencia, no se deja llevar por una lógica abstracta declarando injusto a Dios. En vez de hablar mal de Él, cuestiona los fundamentos de la teología hegemónica.

Para sus amigos, el que Job quiera justificarse significa condenar a Dios. Job les replica que no se puede justificar al Creador condenando al inocente. Entonces, ¿cómo hablar de Dios desde el sufrimiento del inocente? Esa es la cuestión central del libro de Job. (Cabe recordar que el compromiso con los más olvidados es una exigencia del Dios de la Biblia). Surge en primer lugar un lenguaje que se sitúa con sencillez y profundidad al nivel de la fe popular. El segundo momento revestirá el carácter de un combate con el Señor, doloroso y atrevido, pero marcado por la esperanza. La satisfacción de esa esperanza lleva al hablar contemplativo: la visión de Dios y la aceptación confiada y gozosa de sus planes.

La primera reacción de Job en el capítulo 1 es de aceptación y confianza. Si bien pasa por distintos momentos y emociones (tal como los descritos por Martínez), contrariamente a lo que pretendía Satanás, el autor presenta que la fe en Dios solo es auténtica si es desinteresada

---

42 Gustavo Gutiérrez, *Hablar de Dios desde el sufrimiento del inocente* (Salamanca: Ediciones Sígueme, 1995), pp. 71ss.

y gratuita. Es muy frecuente ver que la fe de las personas más humildes denota un gran sentido del señorío de Dios.

Al llegar al final de la obra solo quedan Job y Dios; todos los demás actores han desaparecido de escena. En ese encuentro tan deseado y temido, el Creador demuestra que su grandeza, más que en su poder, está en su libertad, la gratuidad de su amor y su ternura.

> Un osado mensaje que encontramos en el libro de Job es que a Dios se le puede decir lo que se desee. Arroje ante él su angustia, su ira, sus dudas, su amargura, su dolor por sentirse traicionado, su desilusión. Él puede absorber todas esas cosas. La Biblia presenta con una increíble frecuencia a los gigantes del espíritu *contendiendo* con Dios [...]. En este aspecto, la Biblia presenta por anticipado uno de los principios de la psicología moderna: en realidad no nos es posible negar nuestros sentimientos ni hacerlos desaparecer, así que lo mejor es expresarlos. Dios se puede enfrentar a todas las respuestas de los humanos, con una sola excepción [...]: el intento de ignorarlo, o tratarlo como si no existiera. Esa reacción no le pasó ni una sola vez por la mente a Job.[43]

Tanto Job como sus amigos pensaban que el mundo había sido hecho con base en la utilidad inmediata para el ser humano y en la retribución: premio al justo y castigo al pecador. Ese era para ellos el fundamento de la obra de Dios; por eso, su forma de actuar podía ser previsible. Pero Dios da a conocer sus planes y hace ver a Job que la clave para comprender el universo no es la doctrina de la retribución. Ella solo podría dar lugar a una relación interesada y chata con Dios y los demás. La razón para creer «por nada» —el asunto planteado desde el comienzo— es la iniciativa libre y gratuita del amor de Dios, quien critica toda presunta teología que lo encasille en la historia y produzca la ilusión de conocerla por anticipado. Nada es capaz de aprisionar a Dios, de encorsetarlo en estructuras ideológicas o religiosas.

Los discursos de Dios son un vigoroso rechazo a una concepción puramente antropocéntrica de la creación. No todo lo que existe

---

43 Philip Yancey, *op. cit.*, p. 206.

fue hecho para utilidad inmediata del ser humano, por lo que este no puede juzgarlo todo desde su punto de vista. Cuando Job reconoce su pequeñez, da un paso importante en el abandono de su antropocentrismo. Gutiérrez se pregunta qué ha comprendido Job, y responde:

> Lo que ha percibido, y lo ha llevado a la contemplación, es que la justicia sola no tiene la última palabra en el hablar sobre Dios. Estamos total y definitivamente ante el Dios de la fe sólo cuando reconocemos la gratuidad de su amor. La gracia no se opone ni desmerece la búsqueda de la justicia, ella le da por el contrario su pleno sentido. El amor de Dios, como todo amor, no se mueve en un universo de causas y efectos, sino en el de la libertad y la gratuidad. De este modo es como las personas logran encontrarse plena e incondicionalmente sin pago de ningún tipo de tarifas, sin obligaciones exteriores que presionen a corresponder al otro [...]. Hay una contradicción entre el amor libre, gratuito y creativo de Dios y la doctrina de la retribución que pretende encasillarlo.[44]

Podemos declarar que el libro de Job es una clara afirmación de la trascendencia de Dios y la gratuidad de su amor. Exigirle garantías es no entender nada, no tener discernimiento para comprender sus designios. Por otro lado, el justo gobierno de Dios no recorre senderos trillados durante la historia, sino que «hace camino al andar», y así no deja de sorprendernos.

Toda hermenéutica está sujeta a ciertos ejes o principios. Entre ellos, los siguientes:

a) cosmovisión del intérprete (al inicio de la experiencia hermenéutica)
b) *kenosis* (vaciamiento de todas las ideas o preconceptos)
c) conocimiento de la revelación progresiva de Dios
d) comprensión espiritual
e) contextualización del mensaje que desafía a la persona

---

[44] *Op. cit.*, pp. 160-161.

Si se considera la experiencia del sufriente Job, vemos que él transitó todos estos peldaños que le ocasionaron un verdadero viraje espiritual: de una seguridad estancada, a la confusión extrema, a la búsqueda auténtica de Dios, a un encuentro con el Señor y a un replanteo de todo lo conocido hasta entonces, que resultó ampliamente superado por la nueva luz que adquirió en el proceso. Por eso, se puede afirmar que la vivencia de Job es un claro ejemplo de lo que se conoce como la espiral o el círculo hermenéutico.

Severino Croatto concluye su ponencia de la siguiente manera:

> El libro de Job es, pues, una crítica a la doctrina tradicional de la retribución, cultivada en los ambientes sapienciales de Israel. Pero, más que eso, establece una crítica muy profunda a toda teología y a toda pastoral del orden, de la sumisión, de las ideologías de justicia. Job abre una nueva clave para la teología, manifestándonos el rostro del Dios del acontecimiento y de la justicia. ¿No es significativo que un libro así, tan polisémico y sugerente, esté en el canon de las Sagradas Escrituras?[45]

---

45 Severino Croatto, J. Severino Croatto, «El libro de Job como clave hermenéutica de la teología», *Revista bíblica*, año 43, 1981, p. 13.

Capítulo 5

Cómo predicar
el libro de Job

He asistido a la iglesia desde antes de nacer. He escuchado centenares de sermones, pero prácticamente no recuerdo haber oído hablar del libro de Job. Las pocas veces que alguien lo mencionó fue para referirse al prólogo y el epílogo, es decir, a las partes narrativas del texto, haciendo énfasis en que detrás de las pruebas está la propuesta maléfica de Satanás y que Dios siempre nos bendice luego de la prueba. Esta opción deja de lado toda la sección poética de la obra, que ocupa la mayor parte de esta, que plantea preguntas muy desafiantes y que aborda los grandes temas que el autor se propuso presentar.

Alguna que otra vez escuché leer en un sepelio los primeros versículos del capítulo 14 o los últimos del capítulo 19, pero no recuerdo mucho más que ello.

Considero que algunas de las dificultades que encuentran las personas para predicar desde este libro pueden ser las siguientes:

- No estamos muy acostumbrados ni preparados para predicar a partir de los libros sapienciales.
- Los pasajes son extensos y los temas que se abordan no están claramente definidos en un solo texto.
- El lenguaje poético es un gran desafío a la hora de predicar.
- Si no hacemos un estudio profundo del libro, solemos encontrar incoherencias, ya que mientras los amigos parecen decir cosas correctas, fundamentadas en ciertos pasajes bíblicos y Job parece estar al borde de la blasfemia, al final vemos que Dios emite juicios opuestos a los que nosotros habíamos intuido.

Por esta razón, es necesario hacer algunas consideraciones previas al estudio y abordaje de este libro para luego poder predicarlo.

Literatura sapiencial

Los judíos, cuando hablan del Antiguo Testamento, lo identifican como la Ley, los Profetas y los Escritos. Este último grupo incluye los libros sapienciales de Job, Salmos, Proverbios, Cantar de los Cantares y Eclesiastés.

Por lo tanto, al proponernos estudiar y predicar el libro de Job, lo primero que debemos tener en cuenta es que este forma parte del bloque de libros sapienciales. Era muy frecuente encontrar en Israel y el antiguo Medio Oriente a personas dedicadas a indagar y hablar sobre el conocimiento y la sabiduría. Eran los «sabios» del pueblo, quienes aconsejaban a las personas que acudían por problemas de cualquier índole. Ellos aconsejaban a los jóvenes, a los padres, a los cónyuges, a los comerciantes, en fin, a quien decidiera consultarles sobre dudas, dificultades o la vida misma. También reflexionaban sobre el sentido de la vida, el mal, el sufrimiento, la muerte.

Christopher Wright hace una buena caracterización de los escritores sapienciales:[46]

> Los escritores sapienciales, por su parte, no se refieren en absoluto a la historia de Israel. No apelan a ninguna de las grandes tradiciones históricas de su fe. No mencionan la promesa a Abraham ni el Éxodo ni Sinaí ni el peregrinaje por el desierto ni la conquista de la tierra. No apuntan tampoco a la historia de la redención que conocemos muy bien de los primeros libros de la Biblia.
>
> [...]. Se daban cuenta de que Dios era moralmente consistente, y por eso sus estándares también debían aplicarse a todo el mundo. Los escritores sapienciales vieron que hay principios morales insertos en la creación misma. [...]. Mientras que la ley y los profetas se dirigían a Israel en particular como el

---

46 Christopher Wright, *Cómo predicar desde el Antiguo Testamento* (Lima: Ediciones Puma, 2016), pp. 290-291.

pueblo redimido por Dios, la literatura de la sabiduría tiene un atractivo humano más universal.

Eugene Peterson[47] nos explica que, en este tipo de literatura, la sabiduría hace alusión a un tipo de actitud, una postura ante la vida, enfatizando que nada de la experiencia humana es despreciable o irrelevante si decidimos tomar a Dios en serio y confiar en Él. La sabiduría valora toda experiencia de la naturaleza humana, parezca «espiritual» o no.

Si bien la sabiduría se halla presente en toda la Biblia, en estos cinco libros se enfatiza que Dios trabaja y está presente en toda circunstancia del escenario humano.

El libro de los Salmos nos muestra que cualquier experiencia, sentimiento o pensamiento puede ser presentado en oración delante de Dios. Tanto la queja como el agradecimiento, la duda, la ira, los gritos de dolor y la alegría exultante, la reflexión silenciosa o la adoración estrepitosa ameritan ser presentados delante del Señor. La totalidad de la experiencia humana debe ser rezada.

Por otro lado, Job y Proverbios nos presentan una polaridad de ideas. El primero se interesa por la experiencia de crisis en el sufrimiento extremo. El segundo nos muestra cómo vivir sabiamente en la rutina diaria, en medio del trabajo, la familia, el dinero, el sexo, en nuestra manera de hablar, en el manejo de las emociones. Dios está presente tanto en medio del dolor inentendible y atroz como en la cotidianidad poco dramática.

Y en este bloque literario encontramos otra polaridad entre los libros de Cantares y Eclesiastés, donde se pone en tensión la experiencia del éxtasis del amor con el aburrimiento de la vida rutinaria y sin sentido. La vida de fe se interesa por los momentos de satisfacción plena jamás imaginados, como también por perseverar caminando y preguntándose sobre el sentido de la existencia.

La literatura sapiencial nos mantiene honestos y atentos a toda la gama de experiencias y emociones humanas que el Espíritu de Dios utiliza para modelar en nosotros una vida más plena, más restaurada, más libre y conforme a los planes salvíficos de Dios.

---

[47] Eugene Peterson, *The Message* (Colorado Springs: NavPress, 1993).

A excepción del libro de los Salmos, en el resto de los libros sapienciales no se hace alusión a la historia judía y no se dice que los personajes provienen de territorio judío. La temática que abordan es de interés para todas las personas que caminan por esta tierra, ya que hace referencia a preocupaciones existenciales que atañen a todas ellas.

Esta es una característica que hace que los libros sapienciales sean bastante adecuados para predicar no solo a un público cristiano, pues, si bien los escritores eran creyentes, estaban también dispuestos a plantearse preguntas difíciles. Y a pesar de esas preguntas atrevidas, desafiantes, perturbadoras y algunas veces en contraposición a algún texto bíblico, seguían creyendo en Dios.

Al predicar libros sapienciales debemos ser honestos con nosotros mismos, con quienes nos rodean y con la realidad, para así mantener el equilibrio que los escritores mantienen. No podemos pretender ser defensores de Dios y eludir ciertos textos por hacerle quedar bien.

Como expositores de la Palabra nos resulta agradable presentar la vida de Jesús para mostrar cómo restaura a las personas mediante su amor tanto en la vida como en la muerte. O presentar la obra del Espíritu Santo a través de hombres débiles que se transforman en testigos cruzando fronteras según los relatos del libro de los Hechos. O sentirnos desafiados por las cartas apostólicas. O pensar en la redención de Dios en la historia del pueblo de Israel. Pero ¿qué puede aportar la literatura sapiencial a nuestra predicación? Son escritos que nos permiten vernos reflejados en las preguntas difíciles que allí aparecen y que muchas veces no nos atrevemos a formular. Nos enfrentan al sufrimiento, la injusticia, la incoherencia que vemos en la realidad o, incluso, en el accionar de Dios en la historia. Nos hace reconocer que no sabemos todo; mejor dicho, que estamos llenos de dudas e interrogantes que a veces se contradicen con lo que creemos o incluso predicamos.

Quizá lo más importante de estos escritos es que nos enseñan a ser humildes en nuestra predicación y en la vida misma; pero, al mismo tiempo, a confiar en Dios, en ese Todopoderoso al que no alcanzamos a comprender ni dimensionar.

Poesía hebrea bíblica

Una tercera parte del Antiguo Testamento es poesía. La mayor parte del libro de Job es poesía. Los textos poéticos se presentan en estrofas, las cuales generalmente se organizan en torno a una idea. A la poesía hebrea no le interesa la rima y el ritmo al estilo occidental; pero usa con frecuencia la repetición de sonidos y letras. Se centra en la repetición de ideas en líneas paralelas, a lo que se denomina *paralelismo*, el cual puede ser sinónimo (se repite una idea), antitético (se contraponen ideas), sintético o de desarrollo (la segunda línea completa la primera). Otros recursos poéticos muy utilizados son el estribillo o el refrán, la estructura alfabética, el lenguaje figurado o las imágenes. Cabe destacar también el gran uso de la metáfora, el símil, la personificación y otras figuras literarias.

La poesía no apela al intelecto, sino a las emociones, a los sentimientos. Ella nos quiere impactar, hacernos vibrar. De esta manera debemos leer toda la poesía bíblica y, por supuesto, todos los diálogos poéticos que encontramos en el libro de Job. Debemos sentir la angustia, el dolor, el enojo, la desesperación, el horror y todo lo que el autor quiere generar en nosotros. Cuánto más apele a nuestras emociones e intimidad, más valioso será para nosotros y para que podamos predicar a los demás.

Cómo hablamos de una obra dramática

Anteriormente afirmamos que el libro de Job se presenta como una obra dramática. Por lo tanto, creo que sería bueno pensar cómo podríamos hablar acerca de una obra teatral. Les invito a realizar un rápido análisis de la estructura de una obra dramática y sus elementos.

Estructura de la obra

En todo drama encontramos:

1. La trama, que es la síntesis de la obra en una o dos frases; resume los temas principales del drama.
2. El tono, el cual es la atmósfera emotiva dominante, es decir, la forma o perspectiva en que se presenta la realidad.

3. El espacio, que es el lugar donde se lleva a cabo la acción, y que puede ser concreto, abstracto, simbólico, indefinido o realista. También puede analizarse de acuerdo con sus características y las sensaciones que busca provocar.

4. Los conflictos, los cuales forman parte esencial de la estructura dramática, pues le dan dinamismo y hacen avanzar la acción. Generalmente hay varios conflictos, pero habrá uno o dos que sobresalgan. El conflicto es, en pocas palabras, el choque de objetivos entre dos personajes o situaciones.

5. Los personajes. Estos forman el eslabón final de esta cadena, pues son la expresión dramática concreta que con sus acciones y diálogos habitan el espacio, dan vida a los conflictos y presentan la trama y el tono. Hay muchas formas de clasificar a los personajes: simbólicos o realistas, complejos o simples, principales o secundarios, etcétera.

Una vez que tenemos clara la estructura, es momento de comenzar a analizar la obra.

Análisis de la obra

1. Analizar la composición dramática consiste en describir la narrativa de la obra y segmentarla en grandes divisiones.

2. El siguiente paso es identificar el ensamblaje y la función de cada escena. Es decir, la forma en que cada una se relaciona con las demás y la función que desempeña dentro del desarrollo de la trama.

3. La función de cada personaje es un paso similar al anterior. Pero en este caso, la meta es captar el aporte temático, dramático, comparativo o antitético de cada personaje.

4. El desarrollo de los conflictos consiste en identificar la manera en que el autor plantea la evolución de cada línea de conflicto.

Análisis de los personajes

Los elementos por analizar en los personajes dependen del tipo de obra, pues algunos aspectos pueden ser irrelevantes en una e indispensables en otra. Proponemos aquí una serie de aspectos para que se consideren los que sean pertinentes a la obra analizada.

1. Los conflictos internos y externos con otros personajes o situaciones.
2. Las motivaciones, es decir, aquello que lleva al personaje a tomar ciertas decisiones.
3. Características psicológicas, como carácter, deseos, ideas, historia individual, preferencias.
4. Cosmovisión, que es el esquema general con que el personaje percibe su realidad. En este apartado se puede incluir la cosmovisión de su época.
5. El monólogo interior, que contiene todos los pensamientos que atraviesan por la mente del personaje mientras habla y mientras no lo hace.
6. El mapa emotivo, que se refiere a las fluctuaciones emocionales que el personaje presenta a lo largo del drama.
7. Los roles y las relaciones, que se determinan en función del resto de los personajes: parentesco, autoridad, sumisión, etcétera.
8. Los momentos clave, que son los puntos en la trama donde el personaje toma una decisión, cambia el rumbo de la acción, descubre alguna verdad o expresa una emoción muy fuerte.

Cómo se relaciona con el Nuevo Testamento

La Biblia es en conjunto un gran relato en el que el Antiguo Testamento conduce a Cristo. Al predicar un texto de él, debemos concentrarnos en analizarlo a fondo, ver su contexto histórico y, finalmente, notar de qué manera se relaciona con Jesús o con las enseñanzas que se derivaron a partir de su ministerio.

Posiblemente el Nuevo Testamento presente similitudes con el texto analizado, muestre contrastes significativos o sea un desarrollo de lo expuesto en el texto más antiguo. Puede presentarnos a Cristo como una respuesta a lo que el Antiguo Testamento demandaba o proponernos un mensaje de gracia.

Christopher Wright nos lo explica:[48]

> Una predicación bíblicamente fiel (especialmente fiel al Antiguo Testamento) debe producir *un vacío que tenga la forma de Cristo*, un sentido de la necesidad desesperada de la gracia y del poder de Dios que viene sólo por el evangelio. Por tal razón, una predicación desde el Antiguo Testamento debe ser una predicación centrada en el evangelio, *no* porque sea siempre evangelística, sino debido a que siempre nos conduce a descubrir que el evangelio de la gracia salvadora de Dios a través de Jesucristo es el corazón mismo, el centro, el punto y el propósito de toda la Biblia, de principio a fin. De esto se trata todo el relato de la Biblia.

Cómo podemos predicar el libro de Job

Al intentar abordar el estudio de un pasaje de este libro, debemos tener en cuenta que corresponde a un libro sapiencial escrito en forma de poesía. Asimismo, a la hora de leer, estudiar y hablar de él, es necesario recordar lo que significan estas dos características.

Por lo dicho hasta aquí, podemos decir que al libro de Job lo podemos predicar de distintas maneras:

- Presentando un vistazo general de él, un recorrido de tipo panorámico.
- Abordando diferentes temas que aparecen en él.
- Considerando los diferentes personajes.
- Enfocando la atención en las distintas escenas, actos o bloques del libro.

Pero algo que nunca debemos dejar de tener en cuenta es que el libro es una unidad, por lo que cualquier forma de abordarlo debe hacerse teniendo en cuenta todo el contexto de este. Para ello, antes de predicarlo debemos sumergirnos en su lectura, sentir su problemática, captar los distintos argumentos.

---

[48] *Op. cit.*, p. 85.

Por si al lector le interesa realizar un seguimiento de algunos temas, de acuerdo con la perspectiva de los diferentes personajes, presento el siguiente cuadro. A la hora de estudiar los temas, podrá tomar una hoja de papel, reproducirlo y completar cada casillero con la idea que se enuncia en cada cita.

Temas	Elifaz	Bildad	Zofar
Acusaciones que le hacen a Job	4.2-7; 15.1-6, 12-16; 22.4-11	8.2, 4; 18.1-4	11.2-9; 20.1-3
Cómo se ven a sí mismos	4.8, 12-16ss; 15.7-11, 17-19		20.3
Descripción de los malvados o necios	4.8-9; 15.20-35; 22.15-20	8.11-19; 11.20; 18.5-21	20.4-29; 24.18-25; 27.13-23
Conceptos acerca de Dios	4.18-19; 22.12-14	8.3, 20, 21; 25.1-6; 26.5-14	11.7-11; 24.22-24
Cómo conciben al ser humano	4.20-21; 15.13-16; 22.1-3	25.4-6	
Consejos que le dan a Job	5.17; 22.21-30	8.5-8	11.13-19

De igual manera, aquí presento las citas de las diferentes respuestas que Job da a sus amigos. Si bien los temas se entrelazan, estas referencias pueden ayudar al lector a identificar algunas de las ideas que Job no puede sacar de su cabeza.

Temas	Citas bíblicas
¿Qué les reprocha a sus amigos?	6.14-29; 16.1-5; 17.2-10; 19.1-5, 19-21; 21.1-3; 26.1-4
Job y Dios: ¿sigue confiando?, ¿cómo se ve a sí mismo?	6.8-10; 7.7; 16.19-21; 17.3; 19.23-27; 23.3-7, 10-12
¿Cómo describe Job la realidad de la vida presente y futura?	6.2-7, 11-13; 6.30-7.16; 17.1, 15, 16; 21.7-34; 24.1-17
¿Qué recuerda de su vida anterior?	29.1-25; 30.24-25; 31.1, 5-40
¿Qué le resulta incomprensible?	7.11-21; 29.18-31.40

Capítulo 6

Prediquemos el libro de Job

A continuación, presento, a modo de ejemplo, algunos bosquejos de sermones elaborados a partir de los distintos bloques del libro de Job.

¿Cuáles son nuestras motivaciones? (Job 1.6-2.10)

Todo ser humano, de alguna manera, siempre desea estar bien, sentirse seguro y amado, así como cubrir sus necesidades básicas, lo cual persigue durante toda su vida.

Muchas veces la religión ofrece esta sensación de bienestar: paz, amor, seguridad, satisfacción de necesidades básicas, ya sea por la solidaridad de los que pertenecen a su congregación o por un sentido de responsabilidad que la comunidad transmite. Así no faltan quienes al acercarse a una iglesia buscan estar mejor, vivir mejor, solucionar sus problemas. Pero ¿qué pasa si uno sigue las reglas que la religión impone y a pesar de ello sobrevienen dificultades o necesidades aun mayores que antes? ¿Tiene sentido continuar creyendo cuando la vida misma se derrumba? ¿O es mejor dejar todo e intentar sobrevivir como se pueda? ¿Por qué continúan algunas personas siendo fieles a Dios a pesar de que la vida es injusta con ellas?

Primera escena en la corte celestial (1.6-12)

El autor presenta una reunión hipotética, de la que ningún ser humano ha sido testigo alguna vez. Allí ve a Dios rodeado de sus ángeles y Satanás. Pareciera que es una convocatoria agendada que se realiza con cierta periodicidad. Cabe aclarar que la palabra Satanás, literalmente significa 'el acusador' o 'el adversario'. En este libro no es un nombre propio, y no tiene las características que se le dan en el Nuevo Testamento, como un ser demoníaco en rebeldía contra Dios, sino como un ser que integra la corte del Señor, dialoga con Él, pero trata de perjudicar a los seres humanos.

Dios se jacta de su siervo Job: no hay otro como él, «recto e intachable, que me honra y vive apartado del mal» (1.1).

Pero Satanás instala una pregunta que va a la raíz misma de por qué Job vive así. ¿Cuáles son sus motivaciones? ¿Por qué vive de esa manera? Obviamente, para él, la razón es que se siente tan bendecido por Dios que lo natural y lógico es que Job sea una persona devota, agradecida y respetuosa del Señor. Pero ¿qué pasaría si las cosas cambiaran?

Dios le concede permiso a Satanás para arruinar las posesiones y familia de Job.

Escena en la tierra (1.13-22)

Tras cuatro tragedias intempestivas Job pierde lo que tenía: todos sus bienes y sus hijos e hijas. Al tomar conciencia de la situación, asumió una actitud de profundo duelo y humillación; se postró y adoró a Dios.

Segunda reunión en la corte celestial (2.1-6)

Dios nuevamente se enorgullece de la integridad de Job, a pesar de haber sido arruinado en todo lo que tenía. Nuevamente Satanás insiste: «Un hombre da todo lo que tiene por salvar su vida». Todavía goza de buena salud; si lo hieres, te maldecirá.

Dios acepta nuevamente el desafío con la condición de que no le quite la vida. El dictamen divino de encontrar a Job irreprochable es fundamental para dejar en claro desde el principio que todos los sufrimientos de Job no son causados por pecados o faltas en la vida de este personaje.

Nuevamente en la tierra (2.7-10)

Una tremenda enfermedad aqueja a Job, quien permanece en medio de las cenizas en señal de duelo y humillación. Allí se rasca, se lastima y sus heridas supuran e infectan (7.5), arde de fiebre (30.30), está débil (17.7; 19.20).

Su compañera de vida, sumamente dolida por las pérdidas que a ella también la habían afectado, le sugiere que maldiga a Dios y se muera. Pero él conserva su integridad, convencido de que de parte del Creador debemos recibir tanto lo bueno como lo malo.

A lo largo de toda la obra se intentará descubrir si Job claudica en su fe. ¿Cuáles son sus auténticas motivaciones para seguir confiando y esperando en Dios?

Marcos 8.31-38 nos relata la ocasión cuando Jesús les anticipó a sus seguidores que Él tendría que sufrir mucho y morir. Pedro lo reprendió por esta idea, pues consideraba que a Cristo no podía sucederle esto. El camino del sufrimiento no iba con la idea que Pedro tenía del reino de Dios. Es curioso que, ante esta actitud, Jesús le haya respondido: «¡Aléjate de mí, Satanás!», pues este en la tentación había intentado convencer a Cristo de que no sufriera. Y esta sigue siendo la gran disyuntiva: ¿es compatible la fe con el sufrimiento? Si sigo a Dios, «debo experimentar dolores o pérdidas», ¿no hay en ello una contradicción?

Pero la propuesta de Jesús es clara: quien quiera seguirlo debe negarse a sí mismo, renunciar a su comodidad, a su bienestar, a sus intereses mezquinos, y estar dispuesto incluso a perder la vida, porque solo así podrá salvarla.

- ¿Cuáles son nuestras más sinceras motivaciones por seguir a Dios?
- ¿Cómo podemos asegurarnos de que nuestro seguimiento al Señor sea por amor y no por interés?
- ¿Cómo podemos llegar a confundir a nuestra audiencia si enfatizamos demasiado en las bendiciones que recibirá el creyente y olvidamos las demandas del evangelio?
- ¿Cómo podemos colaborar para que nuestras comunidades sean más desinteresadas y estén más preocupadas por dar que por recibir?

¿Es posible orar cuando la vida no tiene sentido? (Job 3)

Hemos aprendido a orar cuando estamos agradecidos o tenemos necesidades, así como cuando pedimos por otros, pero cuando la desilusión es tan grande y ya no tenemos nada que suplicar, sino que solo aflora la queja en nuestro interior, no encontramos las palabras «correctas» para orar. Incluso muchas veces nos sentimos decepcionados de Dios, de su forma de actuar en nuestra vida o en la historia. ¿Será posible orar cuando tenemos esos sentimientos?

«Maldito el día en que nací» (Job 3.1-10)

Job se traslada hacia el pasado, al día en que fue concebido y a su nacimiento. Aunque, obviamente, no recuerda lo que sucedió, imagina lo que pudo haber pasado. Es como si estuviese viendo una película de lo ocurrido tantos años atrás. En lenguaje poético expresa toda su angustia: maldice el día cuando nació, desea que mejor nunca hubiese existido en la historia, que entonces la oscuridad más densa hubiera cubierto la tierra. Sin embargo, si bien maldice el hecho de estar vivo, no maldice expresamente a Dios.

«Hubiera sido mejor no nacer» (Job 3.11-19)

En estos versos Job comienza a lanzar preguntas al aire. Estas interrogantes, que no esperan respuesta, sino que surgen como el grito de un desesperado y decepcionado ante la vida, son muy frecuentes en cantos y oraciones del Antiguo Testamento,[49] las cuales unas veces se formulan de manera individual y otras de modo comunitario.

Job expresa que hubiera deseado morir en el momento de nacer, ya que la muerte evita las desigualdades y tragedias de la vida. Dice que en la muerte todos son iguales: opresores y oprimidos, amos y esclavos.

«¿Por qué permite Dios [...]?» (Job 3.20-26)

Ahora Job hace alusión a Dios y comienza a formular las preguntas que tantas personas se hacen y que a veces ni se atreven a expresar en voz alta. Expresa abiertamente su queja de por qué el Creador permite el sufrimiento, por qué no alivia el dolor.

Esta forma de dirigirse a Dios, preguntando «por qué» ante el dolor y la injusticia, estuvo en boca de los salmistas y los profetas, así como en la de Jesús en la hora de su muerte. En Mateo 27.46 leemos que el mismo Hijo de Dios se atrevió a expresar su queja, su incomprensión

---

[49] Éxodo 5.22; Números 11.11; Josué 7.7; Jueces 21.3; Salmo 10.1; 22.1; 42.9, 11; 43.2; 44.23, 24; 74.1, 11; 88.14; Isaías 63.17; Jeremías 12.1; 14.19; 15.18; 20.17-18; Lamentaciones 5.20; Habacuc 1.3, 13.

ante la forma de actuar de su Padre. Esta actitud no ofendió a Dios ni representó un pecado para Jesús. Pero su total honestidad y transparencia lo llevó a poner en palabras, mejor dicho, en fuertes gritos, lo que como ser humano no alcanzaba a comprender totalmente.

Algunos cristianos piensan que a Dios no tenemos que cuestionarle su forma de actuar ni expresarle nuestros porqués. Sin embargo, numerosas veces en las Escrituras encontramos esta forma de orar, donde con total honestidad le expresamos lo que está en nuestra mente y corazón, esto es, nuestras incertidumbres, decepciones, angustias. Este tipo de oración no ofende a Dios, ya que Él conoce todo lo que albergamos, y quiere que seamos sinceros y que abiertamente le confiemos nuestro dolor.

- ¿En qué medida hemos experimentado esta forma de orar en momentos de angustia?
- ¿Cómo te parece que este tipo de oración podría ayudarnos a procesar nuestras angustias?
- ¿De qué manera enseñamos a orar así a quienes están en situaciones extremas, haciéndoles sentir que Dios los escucha, los comprende y los recibe con amor?

Cómo pastorear a personas que sufren (Job 4.1-5.27)

Auditorio: Pastores de iglesias o personas que lideran a otras.

Las personas llegan a las iglesias o transitan por la vida cargadas de situaciones problemáticas. Sus necesidades son de lo más variadas. Se acercan a los pastores buscando alivio, guía, consuelo; pero en muchas ocasiones no encuentran ello, sino que salen más lastimadas y confundidas.

El discurso de Elifaz, expresado en lenguaje poético, aborda distintos temas.

«Tú, que enseñabas y sostenías a otros […]» (4.1-6)

Elifaz reconoce la trayectoria de Job y no entiende por qué, a pesar de su sabiduría y fortaleza anterior, en ese momento se siente tan mal. Le recrimina por no confiar en Dios.

Se jacta de su experiencia (4.7-21)

Este amigo, al igual que lo harán los otros más adelante, hace alarde de su experiencia:

- Sabe que los inocentes no perecen, los íntegros no son destruidos.
- Aprendió que en la vida se cosecha lo que se siembra.
- Ha tenido visiones que le han mostrado que el hombre no puede ser puro ante el Creador.

La suerte de los necios (5.1-7)

Elifaz no le da mucha esperanza a Job. Él no tiene opciones, ya que, si quiere llamar a Dios, no será oído y será tratado como cualquier otro necio. El hombre nace para sufrir; es como una chispa que vuela y desaparece.

«Lo que yo haría [...] lo que yo sé» (5.8-27)

Si bien Elifaz criticó a Job por querer hablar con Dios, dice que, si estuviera en su lugar, apelaría al Creador basando su confianza en todo lo que sabe acerca de Él:

- Él realiza maravillas en la naturaleza.
- Enaltece a los humildes.
- Desbarata los planes de los malvados.
- Salva a los pobres de la opresión de los poderosos, y así recobran la esperanza.
- El hombre a quien Dios corrige es dichoso.
- Él siempre salva y libra.
- No tendrás temor, estarás seguro, prosperarás.

Elifaz dice que tiene experiencia e invita a Job a comprobar que lo que dice es verdad.

Le aconseja, culpándolo, desde su propia experiencia, la cual considera superior a la de su amigo que sufre. Pero su experiencia le ha brindado una visión estática de la realidad, pues, si bien las declaraciones que hace de Dios no son desacertadas, en ningún momento considera la perspectiva de Job. Se mantiene en lo que ya conoce, sin abrir su mente ni su corazón a la posibilidad de tener otra perspectiva de la realidad.

El apóstol Pablo, en Filipenses 2.3-8, nos propone tener la actitud de Cristo Jesús en nuestro trato con los hermanos: no siendo vanidosos, sino humildes, considerando a los demás como superiores a nosotros mismos, velando por los intereses y las necesidades del otro. Esto es lo que hizo Jesús en grado superlativo, pues, siendo Dios, se despojó de su naturaleza, de sus atributos, se rebajó voluntariamente y se hizo semejante a los hombres, y siendo hombre, se humilló hasta la muerte.

- Si Elifaz hubiese tenido la actitud de Jesús hacia Job, ¿cómo se habría acercado a este?
- ¿En qué aspectos, cuando nos acercamos a las personas que sufren, sacamos a la luz sus debilidades, sus incoherencias o nuestras experiencias y saberes?
- ¿Qué necesita realmente una persona que sufre?
- ¿Qué cambios deberíamos hacer en nuestro rol pastoral para imitar más el modelo de Jesús que el de Elifaz?

¿Qué se espera de un buen amigo? (Job 6.1-7.5)

Sería oportuno comenzar preguntando al auditorio qué esperan ellos de alguien a quien consideran su mejor amigo. Podrían hacer una lista de cualidades o actitudes trabajando en pequeños grupos para luego intercambiar las respuestas en el grupo general.

El fragmento que vamos a considerar es una sección de toda la respuesta que da Job luego de escuchar a Elifaz, quien, aunque los otros amigos aún no han hablado, se dirige a ellos como sabiendo de antemano que tendrán la misma actitud.

Cómo se siente Job (6.1-13)

El autor utiliza un recurso poético para dimensionar el dolor de Job, quien dice que, si toda su angustia y sus desgracias se colocaran en un platillo de la balanza, se evidenciaría que su peso es igual a toda la arena de los mares. Esta imagen nos muestra la magnitud de su angustia:

imposible de medir, de calcular, y también, tremendamente imposible de soportar.

Siente que el Todopoderoso lo está persiguiendo con saetas, veneno, terrores, por lo cual lo único que pide es ser destrozado por completo. Sin embargo, sigue teniendo un consuelo que lo alegra a pesar de todo: el saber que no ha negado a Dios.

En contraposición al Todopoderoso, reconoce que ya no cuenta con recursos para resistir, no tiene la fuerza de una roca ni está hecho de bronce. No es alguien que carezca de sensibilidad; por el contrario, todo su ser gime por la magnitud de sus desgracias.

Cómo ve a sus amigos (6.14-23)

En primer lugar, el autor expresa una síntesis de lo que Job piensa cómo debe actuar un amigo: «Aunque uno se aparte del temor del Todopoderoso, el amigo no le niega su lealtad» (v. 14). Un verdadero amigo ha de ser leal porque esta condición se halla en su esencia, y no depende de la fe o la moral de la otra persona.

Compara a sus amigos con arroyos inconstantes. Los arroyos de las zonas montañosas o desérticas pueden cambiar abruptamente de torrentosos a secos, o viceversa. Cuando el calor agobia y más se necesita de su agua fresca, el arroyo desaparece. Las caravanas se desvían de sus rutas buscando agua y perecen. Así, ellos, al ver la espantosa situación de Job, se asustaron, flaquearon. Como no supieron qué hacer, prefirieron actuar de manera no amigable; en vez de ponerse en su lugar, de sufrir con él, escogieron atacarlo y no comprenderlo. Y Job, en lugar de ser consolado y comprendido, fue juzgado e ignorado.

Qué esperaba de ellos (6.24-7.5)

Job hubiera querido que le demostraran que estaba equivocado. Si sus palabras hubiesen sido acertadas, él no se habría ofendido. Pero ellos no hablaron rectamente; se encerraron en sus argumentos aprendidos, y prefirieron juzgarlo, no comprenderlo, no sentir su dolor. Job entiende que ellos, con muy poca o ninguna sensibilidad ante el dolor, estarían dispuestos a sacrificar a cualquier persona.

Desea que le miren a los ojos y que reflexionen. Pide que dimensionen su dolor, que comprueben que no exagera, que se pongan en su lugar, que miren la realidad desde otra perspectiva.

Luego el autor pone en labios de Job un hermoso poema sobre la existencia humana, donde se la compara con la de un esclavo que espera con ansias el descanso de la noche. Pero la primera pregunta retórica da a entender que todos estamos sometidos a aquella situación, incluso sus amigos, quienes miran al que sufre desde una posición de superioridad. Y al finalizar esa primera estrofa del capítulo 7, vuelve a presentarnos su condición física de forma tan cruda que nos hace estremecer.[50]

Al ir al Nuevo Testamento nos encontramos con dos verdades importantes:

1. Por un lado, se nos exhorta a empatizar con los demás, a alegrarnos con sus alegrías y llorar con ellos en sus angustias (Ro 12.15), e incluso a dar la vida por ellos (Jn 15.13).

2. Pero, por sobre todas las cosas, nos hace recordar que tenemos un Amigo por excelencia, a quien podemos recurrir en todo momento. Él puede comprendernos porque fue expuesto a los máximos sufrimientos (Heb 4.15, 16). Y de Él también podemos aprender cómo ser el amigo que los demás necesitan.

Cuando una persona sufre, necesita, más que nunca, que alguien esté a su lado, que transite esa senda junto a él, alguien en quien pueda apoyarse y así ser consolado.

- ¿De qué manera muchas de nuestras expresiones de juicio o muestras de indiferencia brotan del temor que nos produce el dolor de los demás y, al no saber qué hacer, optamos por ignorar o juzgar?
- ¿Hasta qué punto nuestra comunidad de fe se muestra compasiva y humana ante los que sufren?
- ¿De qué manera podríamos ser más comprensivos y empáticos hacia las personas que sufren?

---

[50] El resto del capítulo 7 continúa hablando de lo pasajero de la vida y de la situación del ser humano delante de Dios. Si bien no lo hemos incluido en este estudio, es un poema muy bello que aborda el tema del papel que juegan los amigos.

Evangelio y tradición (Job 8.1-22)

Lo que en cierto momento nos resultó novedoso, con mucha facilidad se convierte en un hábito, una rutina y, con el tiempo, pasa a ser algo que realizamos de esa manera porque siempre lo hicimos así, y poco a poco comienza a perder sentido. Por ello, en las comunidades de fe es bueno replantearnos periódicamente cuánto de lo que hacemos y enseñamos es auténtico evangelio o mera tradición. No es que las costumbres sean malas, pero lo ideal es confrontarlas con lo que nos reveló Jesucristo y con los tiempos en los que vivimos.

¿Acaso las cosas pueden ser diferentes?

Bildad comienza su discurso atacando a Job por sus palabras, a las que considera como un viento huracanado.

Para él, lo que sabe, lo que aprendió, debe aplicarse con rigidez, y con un total cinismo dice que «si tus hijos pecaron contra Dios, él les dio lo que su pecado merecía». En ningún momento se compadece de su pérdida irreparable.

Desde hace generaciones se viene diciendo lo mismo; por lo tanto, todo es y seguirá siendo así.

«Si vuelves a Dios [...] serás prosperado»

Sin haber escuchado todo lo que Job ha dicho sobre sí mismo, Bildad le dice que, si se vuelve a Dios, él lo ha de prosperar. Volver a Dios es equivalente a volver a la prosperidad. Este amigo es un fiel representante de la religión interesada de la cual había hablado Satanás al comienzo. Esa certeza se apoya en la tradición. Su teología no concuerda con la fidelidad a Dios y el sufrimiento. Si sufre es porque algo hizo mal.

En muchas citas del Antiguo Testamento vemos reflejada esta enseñanza. Pero si observamos la vida de los grandes hombres y mujeres de Dios, vemos que no siempre su vida de fidelidad estuvo acompañada por una vida de prosperidad.

Al llegar al Nuevo Testamento nos encontramos con propuestas muy claras al respecto. Pedro (1P 3.17) nos plantea la posibilidad de sufrir por hacer el bien. Pablo goza de los sufrimientos por la causa de Cristo (Col 1.24). Jesús es el modelo del siervo sufriente que ya habíamos visto en Isaías.

Pero, volviendo a Bildad, él trata de demostrar que no podemos ir más allá de lo que defendemos por tradición. Jesús confrontó a los fariseos por este mismo tema. La religión caduca que presentaban los fariseos no congeniaba con la propuesta liberadora que traía Cristo. Al leer Marcos 2.18-22, podemos decir que los «odres viejos» de Bildad no resistían el «vino nuevo» que proponía Job.

- Cuando Dios nos permite tener un nuevo discernimiento por medio de su Palabra, ¿de qué manera somos capaces de conciliar esto con nuestras tradiciones teológicas?
- ¿De qué modo les permitimos dialogar de manera auténtica a las teologías heredadas con los desafíos de la cambiante realidad en que vivimos?
- ¿Qué podríamos hacer para que nuestros discursos religiosos o eclesiásticos no se tornen obsoletos ante la realidad actual?
- ¿Qué podemos hacer para que nuestras prédicas logren ser extremadamente fieles al texto bíblico, pero muy relevantes para el siglo xxi?
- ¿De qué manera podríamos hacer que nuestras comunidades sean proveedoras de vino nuevo y no conservadoras de viejos odres tradicionalistas?

Poseedores de la verdad (Job 11)

Vivimos en una sociedad donde cada sector social, económico, político o religioso defiende su verdad como única, como la absoluta, mientras que descalifica a todas las demás. Hay poca tolerancia para dialogar. Cada uno quiere imponer sus ideas como las únicas dignas de ser creíbles. Esta soberbia va creando grietas que resultan imposibles de restaurar.

La sabiduría es muy compleja (11.1-6)

Para Zofar, Job es un charlatán, y no puede salir inocente después de haber dicho tantas barbaridades. Desea que Dios intervenga y lo haga callar. Él cree conocer mejor al Creador. Sabe que la sabiduría es muy compleja y está convencido de que Job la desconoce totalmente.

¿Qué sabes tú? (11.7-12)

Zofar declara que Job jamás podrá conocer los misterios de Dios. Lo que ni él ni sus amigos entienden es que ellos se contradicen a sí mismos. Por un lado, afirman conocer a Dios, sus decisiones, su manera de proceder, su justicia. Sin embargo, al mismo tiempo, declaran que ningún ser humano puede llegar a comprender la tremenda sabiduría del Creador. Si nadie puede acceder al conocimiento de Dios, ¿cómo es posible que ellos sí lo logren?

«Haz esto [...] y te irá bien» (Job 11.13-20)

Zofar expresa su teología tradicional y retributiva, que siempre se maneja bajo el lema «causa-efecto». Es decir, si obedeces serás bendecido, mientras que, si desobedeces, te vendrán desgracias.

Por lo que nosotros sabemos del origen de las desgracias de Job, llegamos a la conclusión de que la supuesta sabiduría de sus amigos es una gran equivocación. Ellos no son sabios por más que defiendan las ideas que todos sostenían. No están en la verdad. La situación de Job excede las teorías conocidas y defendidas.

¿Es posible conocer la verdad?

Cuando nos hacemos esta pregunta, inmediatamente nos viene a la mente esta declaración de Jesús: «Yo soy el camino, la verdad y la vida» (Jn 14.6). Pero, aunque estamos convencidos de que Cristo es la verdad, no podemos afirmar lo mismo de lo que proclaman sus seguidores, muchas veces de manera tan diferente y opuesta entre ellos.

Jesús nos propone que, si nos mantenemos fieles a sus enseñanzas, conoceremos la verdad que nos hará libres (Jn 8.32).

Pablo nos presenta un modelo de cómo debemos ser portadores del mensaje, por más convencidos que estemos de que llevamos la verdad (1Co 2.1-5).

- Cuando hablamos de Dios, ¿lo hacemos con soberbia sintiéndonos poseedores absolutos de la verdad o somos capaces de reconocer también nuestra ignorancia y debilidad?
- ¿De qué manera podríamos hablar de Dios con convicción, pero al mismo tiempo sin caer en dogmatismos, sino con

humildad, siguiendo el modelo que nos propone el apóstol Pablo?

Luego de haber escuchado hablar, por lo menos una vez, a cada uno de los personajes, pasaremos de largo las siguientes rondas de diálogo (no porque no valga la pena predicarlas) y presentaremos sermones de otras secciones del libro.

El bien más cotizado, pero fuera del mercado (Job 28)

Como buen libro sapiencial, Job dedica un capítulo para tratar el tema de la sabiduría.

¿Dónde puede encontrarse la sabiduría? (28.1-12)

El poeta se propone buscar la sabiduría y considera explorar las cuevas, los túneles, todo rincón apartado en donde los mineros excavan para encontrar las piedras preciosas. Si la sabiduría es algo tan valioso, seguramente estará allí. Pero su búsqueda resulta infructuosa. La sabiduría no se oculta en las entrañas de la tierra.

No está aquí (28.13-19)

No está en la tierra ni en el inexplorado océano. No es un bien negociable que pueda adquirirse a cambio de riquezas, ya que es de otra especie. Es un bien que no se encuentra en ninguna parte ni se puede comprar.

Solo Dios sabe dónde hallarla (28.20-28)

El único que la conoce y sabe dónde encontrarla es Dios. El autor propone en su poesía que en el mismo momento de la creación del universo Dios ya la vio y la valoró.

El último versículo del poema es como un estribillo que aparece en otros libros sapienciales (28.28; Pr 1.7; 9.10; Ec 12.13).

Acercarse a Dios, responder a su llamado, intentar escuchar sus propuestas, es el único camino para llegar a la sabiduría.

Cómo ve el Nuevo Testamento a la sabiduría.

En el Nuevo Testamento hay muchas citas que hablan de la sabiduría. Santiago, como buen judío, la considera con detenimiento. Podemos pedírsela a Dios (Stg 1.5), quien nos la concederá generosamente. Más adelante describe cómo es la sabiduría que Dios da (Stg 3.13-18).

El apóstol Pablo, en su primera carta a los Corintios (1.24, 30), declara que Cristo es la sabiduría de Dios y que nosotros estamos unidos a Cristo Jesús, a quien Dios ha hecho nuestra sabiduría. Es decir, ese bien tan cotizado, pero inalcanzable, del cual nos hablaba el autor de Job, es concedido a quienes se lo piden a Dios, y así Cristo llega a ser nuestra sabiduría.

- ¿De qué manera nuestra espiritualidad representa un camino de sabiduría que nos enseña a vivir mejor?
- ¿En qué aspectos nuestra fe es una búsqueda que se replantea cosas nuevas y que no se conforma con creencias aprendidas?
- ¿Cómo podemos avanzar en una fe que nos permita ir integrando todos los aspectos de la vida?
- ¿De qué modo podemos integrar la fe y la sabiduría en nuestras predicaciones?

¿Es posible ser justo? (Job 31)

El cristianismo actual no insiste demasiado en la práctica de la confesión. Por el contrario, no la tenemos muy en cuenta.

En el capítulo 29 el autor hace reaparecer en escena a Job, quien parece presentar en esta instancia su alegato final antes de ser juzgado. El monólogo tiene tres partes: en la primera, Job recuerda con nostalgia la dicha de los tiempos pasados; en la segunda, lamenta su situación actual; y, finalmente, en la tercera, en el capítulo 31, defiende por última vez su integridad. Podemos decir que es la descripción bíblica más bella y completa de lo que se considera una persona justa.

Justo en la intimidad (31.1-12)

El personaje elabora una lista de delitos que no ha cometido. Comienza citando pecados sexuales, trampas en los negocios y la infidelidad conyugal. Había decidido mantenerse íntegro moralmente; sin embargo, la retribución que esperaba no había llegado.

Justo en la sociedad (31.13-23)

En su manifestación de cómo ha practicado la justicia hacia los más desfavorecidos, muestra dos declaraciones muy revolucionarias para la época. En el versículo 13 da a entender que sus siervos tenían el derecho a quejarse, y en el 15 reconoce la misma dignidad humana en él que en sus sirvientes.

Justo delante de Dios (31.24-28)

Si bien ha sido un hombre muy rico, no ha hecho de sus riquezas el centro de su vida, no ha centrado su existencia en sus posesiones. No ha idolatrado a los bienes materiales ni ha rendido culto a otros dioses.

Justo con los enemigos y desconocidos (31.29-34)

No se aprovechó de la desgracia de sus enemigos. Ha sido generoso con los desconocidos. Y algo que demuestra su total honestidad es lo que leemos en el versículo 33: no ha ocultado su pecado como tanta gente lo hace.

Job no es un hombre impecable, totalmente perfecto. Acepta sus limitaciones. Reconoce que es un pecador, pero no tiene pecados sin confesar. Sabe que está a cuentas con Dios y con quienes lo rodean. Por eso no entiende por qué el Creador lo trata de esa manera.

Que me responda el Todopoderoso (31.35-40)

Job espera que luego de presentar su alegato ante el Juez, este responda y emita sentencia.

Este es un capítulo único en la Biblia, que retrata a una persona justa, no solo por lo que no hace, sino también por la vida íntegra y justa que lleva. En esta descripción brillan la generosidad, la hospitalidad, la justicia para con los débiles, la solidaridad, la compasión, la sinceridad, la transparencia, una vida sin dobleces ni malas intenciones, temerosa de Dios.

Aunque podríamos decir que Job es una persona con todas las de la ley, todavía siente que el Señor está contra él. Aún no está seguro de cuál será el veredicto.

Job no conocía lo que nosotros sí sabemos. Romanos 5.1-11 nos deja en claro que hemos sido declarados justos mediante la fe en Jesucristo, por medio de quien tenemos acceso a la gracia, a la esperanza. Y aunque tengamos que sufrir, ello no será a causa de nuestro pecado, sino que esos sufrimientos nos ayudan a crecer. Tenemos el Espíritu en nosotros. Y ahora, ya justificados, poseemos la paz perfecta porque hemos sido reconciliados con Dios para siempre.

No obstante, Santiago 5.16 nos presenta un desafío muy saludable para la vida personal de cada creyente y para la comunidad de fe: la posibilidad de practicar la confesión y la intercesión de unos por otros.

- ¿En qué se basa nuestra fe? ¿En lo malo que no hacemos? ¿En lo bueno que hacemos?
- Si tuviéramos que escribir nuestro propio alegato de justicia, ¿qué actitudes o conductas positivas podríamos destacar?
- ¿De qué manera podríamos implementar la práctica de la confesión e intercesión de manera más sincera (y creativa) en nuestra vida personal y comunidades de fe?

Diferentes formas de hablar (Job 33)

De manera inesperada surge un nuevo personaje: Eliú. En su discurso se profundizan los argumentos presentados por los amigos; se adelantan algunos temas que serán expuestos por Dios (preparando al lector del libro para ello) y se insinúa una reflexión acerca del «para qué» del sufrimiento, que de alguna manera desvía la atención del reiterado «por qué».

Luego de expresar su enojo con Job y sus amigos en el capítulo 32, nos detenemos a considerar lo que propone a continuación.

Dios nos habla una y otra vez

En una majestuosa declaración poética, el autor pone en labios de Eliú las diferentes maneras en que Dios se revela al ser humano, aunque este no alcance a percibirlo. A veces habla en sueños, en visiones nocturnas, al dormitar, para apartarnos del mal, alejarnos de la soberbia, para librarnos de caer.

¿Y en la enfermedad?

Dentro de las misteriosas y variadas formas en que Dios se comunica con el ser humano, también se puede mencionar la enfermedad. Esta nos distancia de lo cotidiano, nos hace discernir nuestra fragilidad y transitoriedad.

Eliú sugiere la posibilidad de que un mediador celestial aparezca para interceder por el ser humano que sufre. Y Dios se muestra paciente y misericordioso esperando que este lo busque y le responda.

Una vez escuché una frase que me hace pensar en lo que dice Eliú: «La enfermedad es un tiempo de gracia». Aunque nos cueste aceptarlo, el sufrimiento puede convertirse en un modo de hablar de Dios. Sin duda, la estatura humana y espiritual de Job no será la misma luego de la experiencia dramática que le ha tocado vivir.

¿Qué nos dice el Nuevo Testamento?

Al pensar en las diferentes formas en que Dios nos habla, no podemos dejar de mencionar la magnífica introducción de Hebreos 1.1-3. El Creador nos ha hablado de múltiples maneras a través de la historia, pero su máxima expresión ha sido la persona de Jesucristo. Y, al contemplar a Jesús, vemos que su vida estuvo marcada por la oposición, las dificultades, las pruebas, la traición y la muerte.

En el Nuevo Testamento hay muchos textos que atestiguan que las pruebas y los sufrimientos son herramientas en las manos de Dios utilizadas para purificar la fe (1P 1.6-7) y desarrollar virtudes indispensables para la perseverancia y madurez cristianas (Stg 1.2-4).

En la experiencia del apóstol Pablo, vemos que el sufrimiento pasó a ser un recurso para consolar y bendecir a otros (2Co 1.3-7).

No obstante, el cristianismo no es una postura masoquista. No es que se valore el sufrimiento en sí mismo, sino en cómo se vive y qué se hace con él.

- ¿De qué maneras nos ha hablado Dios en nuestra vida personal?
- ¿En qué circunstancias difíciles hemos sido conscientes de que nos estaba hablando? ¿Qué nos mostraba?
- ¿De qué manera podemos consolar a las personas que sufren a partir de nuestras experiencias dolorosas?

Y Dios habló (Job 38-41)

El texto va finalizando como ha empezado, con Dios en el centro de la escena. Él no explica ni contesta de manera directa los planteamientos y preguntas de Job. Habla formulando interrogantes, y al hacerlo va haciendo reflexionar a su interlocutor sobre su providencia y su justicia.

Dios actúa en la historia y en el universo (38.1-40.2)

Teniendo en cuenta la concepción científica de la época, el autor hace un despliegue poético magistral en esta sección del libro. Dios se manifiesta desde una tormenta, no para asustar a Job, sino para predisponerlo a escuchar. Para este la vida era un caos, ya que ni las teorías que tenía como ciertas podían seguir sosteniéndose ante la cruda realidad.

Las preguntas de Dios le irán abriendo los ojos, poco a poco, a su propia ignorancia y mostrándole que hay mucho más allá de lo que está al alcance de su vista, abriendo la puerta a una nueva perspectiva de la realidad.

Dios le propone un rol activo: él cuestionará y Job deberá responder. En primer lugar, las preguntas hacen referencia a la creación, la naturaleza, los fenómenos naturales, el día y la noche, los astros. Luego el interrogatorio pasa al reino animal, y a cada animal se lo describe con las capacidades propias de su especie. Job es incapaz de responder una sola de las preguntas formuladas por el Creador. Y al reconocer que solo puede permanecer callado (40.3-5), Dios vuelve a hablar.

Dios, el Señor de la justicia (40.6-41.34)

El Creador plantea el criterio de justicia que guía sus acciones. Por momentos es irónico y sarcástico. Le propone a Job asumir su rol de Todopoderoso. ¿Qué haría Job si estuviera en el lugar de Dios?

Para Job y sus amigos un Dios justo debe ser un Dios destructor de orgullosos y malvados. El Señor le propone mirar a dos criaturas medio salvajes, medio mitológicas, a las cuales se las presenta como terroríficas y peligrosas. Sin embargo, Dios les tiene consideración y no las extermina.

El Creador no da moralejas, no saca conclusiones. Pero algo queda en claro: en el mundo que Dios ha creado y que tan sabiamente controla, también existen fuerzas indomables, misteriosas, peligrosas. Pero el Señor las tolera. Dios no es un ser destructor y castigador. No es que no pueda destruir, sino que no quiere hacerlo. Si lo hiciera, terminaría exterminando a toda la creación.

El Nuevo Testamento se encargará de profundizar esta imagen de Dios, por un lado, incomprensible para el ser humano (Ro 11.33-36); pero, por otro, un Dios que se empobrece (2Co 8.9), que se despoja de sí mismo (Fil 2.5-8), que se hace criatura (Jn 1.14).

La actitud de Dios ante el sufrimiento humano no puede pensarse desde la indiferencia de un ser superior que está cómodamente instalado en su trono imponente, sino desde la cruz, donde el Todopoderoso se expone a ser ajusticiado por sus criaturas.

- ¿De qué manera el Nuevo Testamento y, en especial, la cruz nos hace tener una mejor perspectiva del carácter de Dios?
- ¿Cómo es el Dios que generalmente se ha predicado en América Latina? ¿De qué modo ese Dios puede ayudar a los sufrientes de nuestra tierra?
- ¿Cómo debería ser el Dios que deberíamos predicar a las personas que están sufriendo en este tiempo?

Cambio de perspectiva (Job 42)

«Yo sé bien […]. Reconozco […]» (42.1-3)

Job declara lo que sabe de Dios, pero en su honestidad se da cuenta de que hay tanto que no conoce. Hay tanto por conocer, por descubrir. No se cierra a lo ya aprendido, como lo habían hecho antes sus amigos.

Se da cuenta de que a Dios no se lo puede definir, ni encerrar en un concepto ni en una doctrina estancada, establecida. Es un ser que desborda cualquier límite, que está más allá de toda comprensión humana. Job se mantiene en esa certeza: nunca llegará a entender quién es realmente Dios.

Una nueva perspectiva (42.4-6)

Dios no le provee a Job una nueva doctrina, una teología distinta, sino una forma diferente de pensar la realidad y la vida.

Antes, lo que Job conocía del Creador era lo que había oído, lo que le habían enseñado sus maestros, su tradición, los sabios de su sociedad, la experiencia. Pero ahora se ha encontrado con Dios. Y este encuentro esclarecedor, amoroso, tolerante, compasivo, fortalecedor, ha producido un giro radical en su perspectiva de sí mismo, de Dios y de la vida.

Hasta ahora había estado equivocado, contemplando todo desde conceptos humanistas, fríos, no vivenciados. El encuentro con el Creador lo ha transformado, aunque no le ha devuelto nada ni le ha restaurado la salud.

Job confía plenamente en el Dios del encuentro, aunque no ha sido recompensando, lo cual tira por la borda la teoría del acusador, con la que comienza la obra.

Perdón, restauración (42.7-17)

Y Dios emite el dictamen. Los amigos resultan culpables, mientras que se declara inocente a Job. Es más, él, a quien se lo acusaba de pecador y blasfemo, debe interceder por sus amigos. Así, dejando de lado todo el dolor que ellos le habían causado, poniéndose de pie en medio de una enfermedad que todavía lo aquejaba, ora por ellos. El supuesto culpable ora por los presuntos inocentes. El enfermo intercede por los sanos.

Pero Dios muestra su gracia también hacia estos hombres soberbios. No los trata como se merecen: no los extermina.

Solo después de esta oración intercesora, recubierta de perdón y gracia, Job es restaurado en el aspecto físico y social.

El apóstol Pablo, persona irreprochable y defensora de su fe (la que conocía en su momento, la que había aprendido y defendía) hace una declaración tremenda en Filipenses 3.4-15. Él también experimentó un cambio radical a partir de un encuentro con Jesucristo, encuentro que le abrió los ojos para ver todo de manera diferente. Pero ese camino nuevo que empezó a transitar no es un camino acabado, superado, logrado, sino uno que está en construcción, un camino que se hace al andar.

- ¿De qué manera nuestra fe, nuestro servicio y nuestra predicación se nutren del encuentro con Dios? ¿En qué sentido solo repetimos lo aprendido, las fórmulas que nos dan seguridad?
- ¿Cómo podemos transitar este camino constantemente renovador, conociendo cada vez más a nuestro Señor y comunicándolo en prédicas vivas, transformadoras, desafiantes?

La gran tragedia humana (vista panorámica del libro de Job)

Una vista panorámica de un paisaje nos da una perspectiva de la totalidad, de la verdadera dimensión de una montaña, de un lago, de un río, de una ciudad, etc. Nos da un marco de referencia para que luego podamos disfrutar más en detalle cada parte del lugar.

A fin de captar la temática general del libro de Job, presentaremos una visión panorámica de él. Para ello, lo analizaremos como si fuera una obra teatral.[51] Un drama debe ser visto de manera continuada; no podemos ver una parte un día y otra parte otro día, porque así perdemos el hilo conductor de la obra, y no logramos conectar con lo que el autor nos quiere transmitir. El mayor problema para comprender el libro de Job es leerlo segmentado, por capítulos, por versículos.

Los elementos de una obra teatral son el guion, que presenta una narración; los personajes o actores; el escenario; las voces y los espectadores.

Los personajes del libro de Job son estos: Job, esposa, hijos e hijas, Dios, ángeles y Satanás, amigos (Elifaz, Bildad, Zofar, Eliú).

La obra se estructura de la siguiente manera:

Primer acto (capítulos 1-2)
- Presentación del personaje
- Apuesta trágica

Segundo acto (capítulo 3)
- Angustia de Job

---

51 Explicado con detenimiento en el capítulo 3.

Tercer acto (capítulos 4-27)
- Rondas de diálogo

Intervalo (capítulo 28)
- Voz superpuesta

Cuarto acto (capítulos 29-31)
- Alegato del acusado

Quinto acto (capítulos 32-37)
- Un nuevo sabio entra en escena

Sexto acto (capítulos 38.1-42.6)
- Diálogo trascendente

Cierre o epílogo (capítulo 42.7-17)

Primer acto:

Job era un hombre recto e intachable, temeroso de Dios y apartado del mal. Muy rico, con muchos sirvientes, una familia numerosa y próspera. Intercedía diariamente ante Dios a favor de sus hijos.

Se presentan dos escenarios. En el primero (la corte celestial) se da una apuesta entre Dios y Satanás. Mientras que Dios se admira de que no hay nadie como Job, Satanás afirma que este le sirve porque Él lo bendice, es decir, por conveniencia, por interés personal.

Mientras tanto, en un segundo escenario (terrenal), Job recibe cuatro noticias trágicas, hasta que finalmente sufre una terrible enfermedad. (Tres veces los hechos se desarrollan en el escenario terrenal y dos en el celestial). La esposa de Job le propone que, ante tanto dolor, maldiga a Dios y se deje morir. Un grupo de amigos lo visitan y quedan absortos al ver la condición de Job.

Segundo acto:

Job expresa con total honestidad su angustia y que desearía estar muerto.

Tercer acto:

Se presentan tres rondas de diálogos: habla Elifaz, y responde Job; habla Bildad, y responde Job; habla Zofar, y responde Job. Esta secuencia se repite dos veces más. Los amigos, según la teología tradicional de la retribución:

- Insisten en que Dios es justo y trata al ser humano como este se merece.
- Afirman que si Job sufre es porque ha pecado.
- Le dicen que si se sometiera a Dios, prosperaría nuevamente.
- Mencionan que Job no debe desafiar a Dios con sus palabras.
- Defienden a Dios y la doctrina de la retribución.

Por su parte, Job:

- No entiende por qué le pasa todo eso, ya que él no ha pecado.
- Siente que sus amigos no lo entienden; que está solo, que todos lo han abandonado.
- Formula un sinfín de porqués.
- Quiere hablar con el Todopoderoso.

Intervalo

El autor del libro plantea la pregunta respecto a dónde está la sabiduría. No se la puede encontrar en ninguna parte. Nada es tan valioso como ella, pero se esconde de la vista de las criaturas. Solo Dios sabe cómo llegar hasta ella. «Temer al Señor: ¡eso es sabiduría!».

Cuarto acto:

Job presenta su defensa como un alegato final. Recuerda bendiciones del pasado, habla de su angustia presente y declara su inocencia.

Quinto acto:

Aparece un nuevo personaje, uno más joven llamado Eliú. Se enoja con los amigos de Job porque no han hablado sabiamente. Presenta argumentos contra este y lo acusa de arrogancia. Le recuerda la justicia y el poder de Dios.

Sexto acto:

El Creador interviene y somete a Job a un interrogatorio respecto a lo que él sabe de Dios, esto es, sobre la creación del universo o de la vida de ciertos animales. Job comprende que no sabe nada, que no puede responder. Entiende que ha hablado acerca de cosas que no entendía. Tiene una nueva percepción de Dios y se humilla ante Él.

Cierre:

Dios reprende a los amigos de Job. Les dice que está muy enojado con ellos porque no han dicho la verdad acerca de Él. Les ordena presentar sacrificios y que Job interceda por ellos.

Job no es reprendido por Dios. Ora por sus amigos, y Él lo sana y prospera. Cuando la obra termina, nos damos cuenta de lo siguiente:

- El Dios que los personajes pensaban conocer y habían encasillado bajo ciertas categorías resulta ser un Dios imprevisible, imposible de catalogar, misterioso.
- Job ha resultado ser un personaje provocativo, no apto para religiosos conformistas.
- El sufrimiento continúa siendo un misterio, no es un problema. Los problemas están para ser resueltos, mientras que los misterios están para vivirlos, y vivirlos con los demás.
- Job, al no entender nada, dejó espacio para que Dios se revelara.
- Los amigos habían caído en el peligro de explicar a Dios con base en referencias pasadas, sin comprender que el Dios bíblico siempre nos sorprende.
- Aun en las peores condiciones, un amigo debe lealtad a sus amigos.
- Como Job se siente solo, suspira por un árbitro imparcial, un abogado, un redentor.

¿Qué nos enseña esta obra?

- En primer lugar, que, si estamos en el lugar de Job, de alguien que sufre, aunque sepamos que el sufrimiento no se puede explicar, debemos ser sinceros, honestos con Dios y atrevernos a formularle todas las preguntas que tengamos. No debemos conformarnos con respuestas aprendidas. En nuestro desamparo y situación de devastación total, Él vendrá a nuestro encuentro con su infinito amor.
- En segundo lugar, que Dios no necesita que salgamos en su defensa si una persona está enojada con Él; pero tampoco debemos hacerla responsable a ella por su dolor, sino

comprender lo que está sufriendo. No demos consejos, pongámonos en el lugar del otro, empaticemos con esa persona. No nos alejemos si no tenemos respuestas… «lloremos con los que lloran» (Ro 12.15).

El Nuevo Testamento nos muestra que Dios no es ajeno a nuestro dolor. Por el contrario, Él vino a visitarnos a nuestro territorio en la persona de Jesús; se despojó a sí mismo y se hizo como uno de nosotros; caminó nuestros caminos y experimentó nuestras necesidades. Fue un hombre «conocedor del dolor más profundo» (según ya lo había anticipado el profeta Isaías en 53.3) y, dado que sufrió hasta el extremo, puede entendernos y ayudarnos cuando sufrimos (Heb 2.18). Él es el defensor que Job esperaba; es Emanuel, «Dios con nosotros». Aun en los peores momentos, sufre con nosotros y está dispuesto a escuchar nuestras angustias y nuestros lamentos.

Conclusión

El problema del sufrimiento humano, que desconcierta a cada persona que transita por este planeta, ha llevado a reflexionar e intentar encontrar respuestas, quizá más que cualquier otro aspecto de la vida. Desde tiempos remotos hasta nuestros días, religiosos, filósofos, pensadores y psicólogos se expresan al respecto sin alcanzar a satisfacer en muchos casos la angustia de aquel que sufre, aunque sea inocente.

Muchos son los que insisten en que el dolor es parte de la vida misma y que cuanto más nos aferremos a nuestras posesiones, a la salud o a quienes nos rodean, mayor será nuestra angustia al ser despojados de aquellas cosas que tanto valor tienen para nosotros. Por ello, es mejor sentir un desapego ante la vida y todo lo que pueda importarnos.

Asimismo, el planteo filosófico denominado «teodicea» tiene aún una gran cantidad de adherentes. Si Dios es todopoderoso y la perfección de la bondad, ¿cómo es posible que permita que el hombre se desgarre ante el sufrimiento inexplicable? Quizá la respuesta que más persiste a lo largo de los tiempos y las diversas culturas sea la concepción de la retribución, según la cual el que sufre es porque se lo merece, debido a que, sin duda, algún mal ha hecho y por ello debe ser castigado o corregido.

En el contexto cultural y religioso del pueblo judío, donde predominaba la teología de la retribución, surge la magistral obra del libro de Job, la cual tira por la borda todos los argumentos construidos y cosificados acerca de Dios. Por medio de un drama se presentan las reacciones ante el sufrimiento de parte de los distintos personajes: la de la esposa, que maldice y se derrumba ante el dolor; la de los amigos, quienes pretenden explicar las causas del sufrimiento con la postura de causa y efecto, que no comprende al que sufre, pues no contempla su condición de vulnerabilidad; y, finalmente, la de Dios, quien en su intervención no explica, no da respuestas ni presenta su defensa o el porqué de su forma de actuar, pero satisface con su voz a la persona que sufre. La visión de su sabiduría y omnipotencia transmite paz al miserable Job.

Por más que los hombres a través de los tiempos y de las distintas culturas se hayan esforzado en encontrar un sentido a este enigma, no hay razonamiento que explique y tranquilice a quien padece aflicción.

El libro de Job desbarata las afirmaciones de la teología de la retribución y, por lo tanto, las de la tan difundida «teología de la prosperidad». El sufrimiento no siempre es consecuencia del pecado ni de la falta de fe, pues en muchas ocasiones Dios permite que los justos sufran sin merecerlo. Su accionar es mucho más complejo y misterioso de lo que nosotros imaginamos; Él siempre nos sorprende y no podemos predecir ni pronosticar sus intervenciones en la historia humana.

Por otro lado, nos invita a adoptar una postura sincera delante de Dios. No hay nada que no podamos decir ni cuestionar. Por el contrario, el Señor espera escuchar nuestro clamor, nuestras dudas, nuestras preguntas. El Creador quiere tener un diálogo sincero con la persona que sufre, busca que ella derrame su corazón en su presencia. Dios, como un divino terapeuta, acompaña a quien sufre; revela su compasión, su sabiduría, su grandeza, y ayuda a crecer a la persona que se relaciona con Él.

El libro de Job nos invita a salir de nuestro antropocentrismo y a adoptar la perspectiva de la grandeza del Creador. Es junto a Él cómo el ser humano debe interpretar su dolor. El Dios que ama, que sufre con el hombre, es quien mejor puede ayudarlo a atravesar los valles de sombras. A su lado encontrará la hermenéutica que fortalece y da paz, madurez y solidaridad con los demás sufrientes que lo rodean. Es lamentable que con frecuencia las personas que se acercan a consolar a quienes sufren, actúen de manera similar a los amigos de Job y los dejen aún más devastados.

Es fundamental, además, el aporte que hace este libro a la perspectiva de la fe en Dios. Esta no debe nutrirse de las dádivas, de la vida próspera, de los triunfos, de los éxitos materiales, pues es una respuesta de amor a la iniciativa del amor sin límites del Creador.

El libro de Job no ha sido muy bien entendido por los cristianos. Para poder encontrar sus tesoros debe ser leído y examinado en su totalidad, desde el principio hasta el fin. Como existe la costumbre de leer versículos o capítulos y no libros enteros, el lector pierde de vista la riqueza que tiene esta obra magistral. Por esta razón, en estos tiempos en que se valora tanto el éxito y la prosperidad, mientras que los que sufren se desgarran entre el dolor, la angustia, la culpa y la incredulidad, es imprescindible revalorar y difundir el mensaje de este libro sagrado.

Por todas las razones expuestas, considero que es necesario que las verdades que este libro expone sean consideradas a la hora de predicar. Nuestras iglesias y sociedades se encuentran confundidas ante tanto dolor e injusticias. Como se trata de un libro de difícil lectura, son los expositores bíblicos, que se zambullen con pasión en las páginas del texto sagrado, quienes, luego de un exhaustivo estudio, podrán exponerlo con claridad y pertinencia a los diferentes auditorios de nuestro tiempo.

Es nuestro deseo que este trabajo les sirva de estímulo para predicar el amor de Dios por medio del libro de Job.

Bibliografía

Álvarez, Francisco

1995 «Claves bíblico-teológicas para vivir cristianamente el sufrimiento», Asociación de Profesionales Sanitarios Cristianos, http://www. seleccionesdeteologia.net/selecciones/llib/vol33/130/130_murga.pdf

Barbosa de Sousa, Ricardo

2005 *Cuida tu corazón*, Buenos Aires: Ediciones Kairós.

Benedikt, Peter

2006 *El libro de Job: ¿por qué tienen que sufrir los justos?* Dillenburg: Christliche Verlagsgesellschaft.

Cantero, Luis Eduardo

2008 «¿Qué de la teología de la prosperidad?» http://obrerofiel. s3.amazonaws.com/teologia/pdf/Que%20de%20la%20teologia%20 de%20la%20prosperidad.pdf

Caravías, José

2018 *Fe y dolor*. Buenos Aires: Santa María.

Croatto, Severino J.

1981 «El libro de Job como clave hermenéutica de la teología», *Revista bíblica*, año 43.

Fernández Liria, Pablo

2005 «Reflexiones sobre Job». http://revistas.ucm.es/index.php/ASEM/ article/viewFile/ASEM0505110169A/15889

García Murga, J. R.

2017 «¿Dios impasible o sensible a nuestro sufrimiento?». http://www. seleccionesdeteologia.net/selecciones/llib/vol33/130/130_murga.pdf

Gillis, A. O.

1960 *Historia y literatura de la Biblia*. El Paso: Casa Bautista de Publicaciones.

Grün, Anselm

2006 *¿Por qué a mí?* Salamanca: EDIBESA.

2012 *Estoy a tu lado.* Buenos Aires: Editorial Guadalupe.

Gutiérrez, Gustavo

1995 *Hablar de Dios desde el sufrimiento del inocente.* Salamanca: Ediciones Sígueme.

Kushner, Harold

1989 *Cuando la gente buena sufre*, 2.ª edición. Buenos Aires: Emecé.

1996 *Cuando nada te basta.* Buenos Aires: Emecé.

Lewis, C. S.

1994 *El problema del dolor.* Madrid: Ediciones Rialp.

Martínez Vila, Pablo

2006 *Más allá del dolor.* Barcelona: Publicaciones Andamio.

2008 *El aguijón en la carne.* Barcelona: Publicaciones Andamio.

Molina López, Javier

2011 «El sufrimiento humano como experiencia personal y profesional». http://www.cbioetica.org/revista/113/113-0409.pdf

Moltmann, Jürgen

1975 *El Dios crucificado.* Salamanca: Ediciones Sígueme.

1983 *Trinidad y reino de Dios.* Salamanca: Ediciones Sígueme.

Padilla, C. René; Acosta Benítez, Milton; Velloso da Silva, C. Rosalee; Dark, Ian (editores)

2019 *Comentario bíblico contemporáneo.* Buenos Aires: Certeza Unida y Ediciones Kairós.

Peterson, Eugene

1993 *The Message.* Colorado Springs: NavPress.

Pfeiffer, Charles F.

1993 *Comentario Bíblico Moody, Antiguo Testamento, Job.* Grand Rapids: Portavoz.

Profesores de Salamanca

1967 *Biblia comentada. IV: Sapienciales.* Biblioteca de Autores Cristianos.

Quezada, Javier

2006 «El libro de Job». *Revista Iberoamericana de Teología.* http://www.redalyc.org/pdf/1252/125216423002.pdf

Ricoeur, Paul

2006 *El mal, desafío a la filosofía y a la teología.* Buenos Aires: Amorrortu.

Scott, Jack

1980   *El plan de Dios en el Antiguo Testamento.* Miami: Logoi.

Sivatte, Rafael

2003   «La fe del pueblo del Antiguo Testamento frente al sufrimiento». *Revista Latinoamericana de Teología*, Vol. xx, N.º 60, http://www.redicces.org.sv/jspui/handle/10972/1307

Stott, John

2013   *Toda la Biblia en un año.* Buenos Aires: Certeza Argentina.

Tamez, Elsa

2004   *Bajo un cielo sin estrellas: lecturas y meditaciones bíblicas.* San José: DEI.

Tornos Cubillo, Andrés

2002   *El dolor y lo sagrado,* Arbor, CLXXI, 676. https://www.google.com.ar/webhp?sourceid=chromeinstant&ion=1&espv=2&ie=UTF-8#

Venables, Gregorio (ed.)

1999   *Fe y prosperidad.* La Paz: Editorial Lámpara.

Willoughby, Ro (coord.)

2013   *Estudio devocional de la Biblia Certeza.* Buenos Aires: Certeza Argentina.

Wright, Christopher

2016   *Cómo predicar desde el Antiguo Testamento.* Lima: Ediciones Puma.

Yancey, Philip y Brand, Paul

1990   *Desilusión con Dios.* Miami: Vida.

2007   *Cuando nos duele.* Miami: Vida.